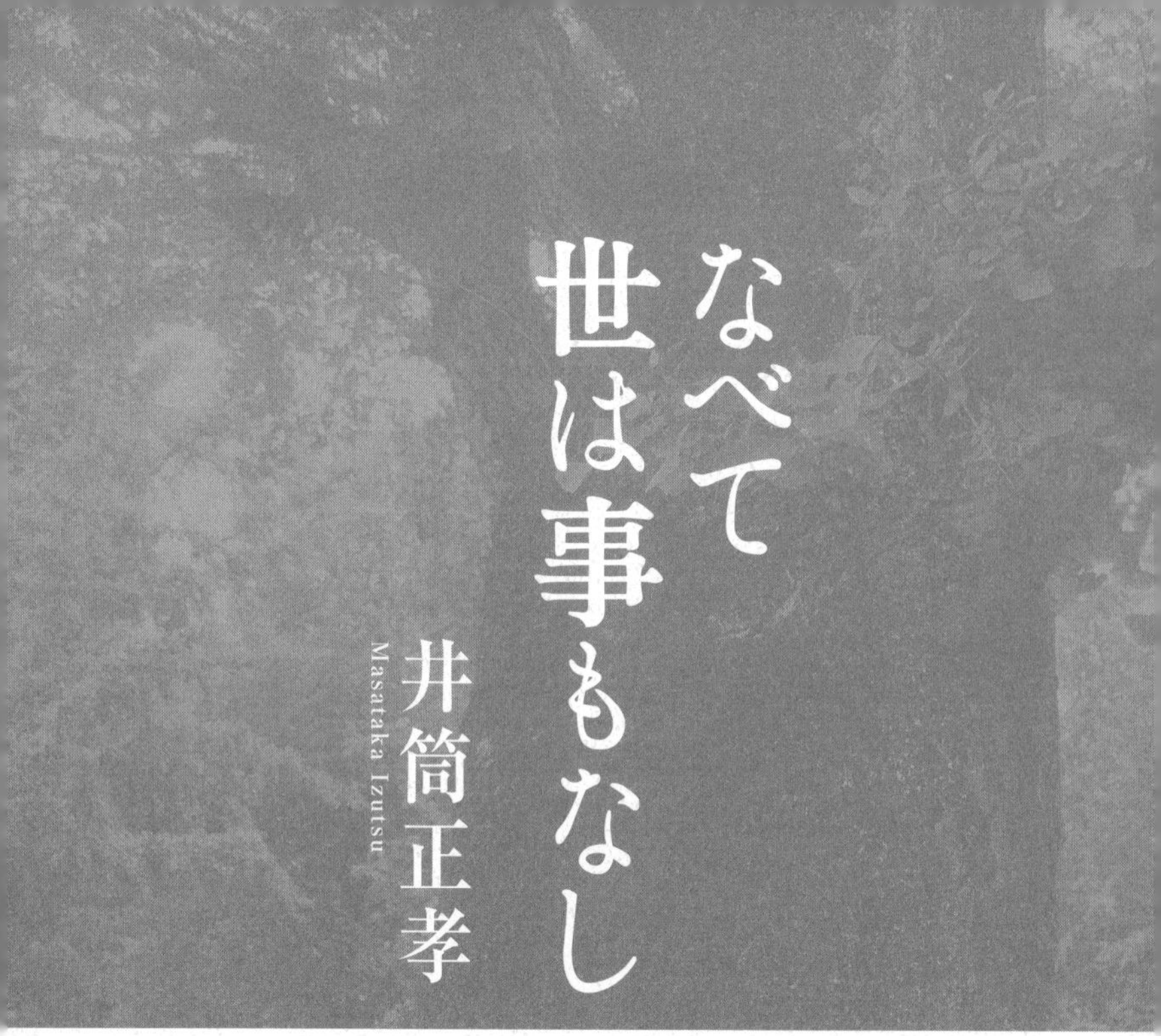

なべて世は事もなし

井筒正孝
Masataka Izutsu

道友社

目次

第九章　**すべては親心のまにまに**――287

※本書の内容は、平成十六年から十八年にかけて、『すきっと』の第二号から七号に掲載されたエッセーと、同十九年から二十九年まで、百十七回にわたって『みちのとも』に連載された「〃世上の鏡〃に向き合って」のなかから選んだものです。

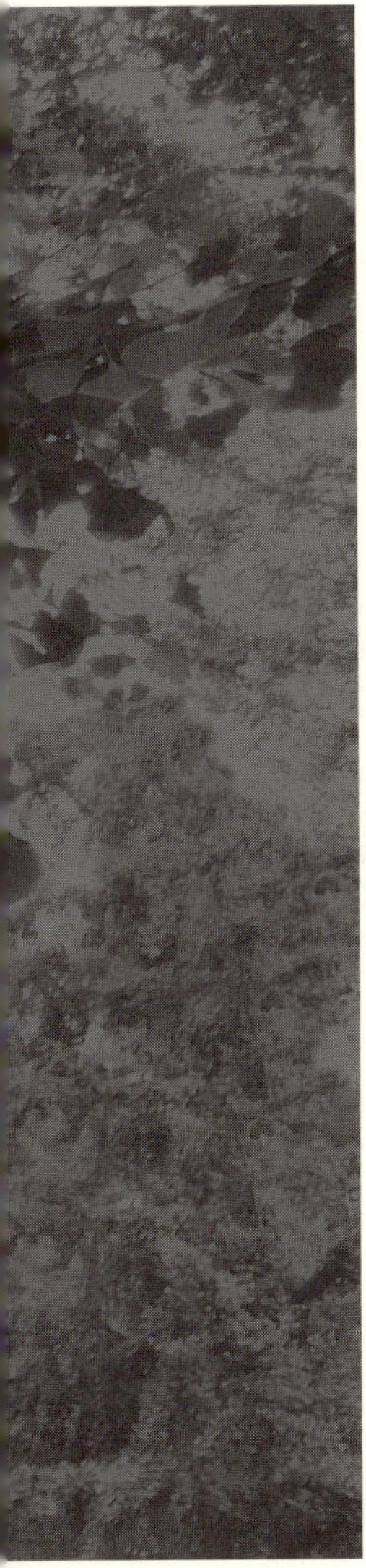

第一章

花は根に、鳥は古巣に

活かすということ

「物は大切にしなされや。生かして使いなされや。すべてが、神様からのお与えものやで」（『稿本天理教教祖伝逸話篇』一三八「物は大切に」）

教祖《おやさま》は、そうおっしゃった。

この言葉、子供たちにはピンとこない。学校の先生は嘆く。

「落とし物や忘れ物が山ほどあるのに、誰も取りに来ません。新品の鉛筆が転がっていても、踏みつけて歩く子もいます」

いつか孫たちに、一本の鉛筆、一冊のノートがどれだけ貴重だったか、私の少年時代の話をした。ツギの当たったズボンに母の温《ぬく》もりを感じたことも。そして、こう問いかけた。

「紙は何から作るの？　そう、木だね。木は大きくなるのに何十年かかるだろう。その木は、太陽や空気や水のおかげで大きくなるんだね。一枚の紙も、いっぱい自然の恵みを頂いているんだよ」

子供たち、頭では分かる。だが新聞のチラシその他、紙の洪水のなかで実感がない。物を活《い》かして使うには、まず大人が不自由のなかに身を置くことが先決であろう。

＊

慎みを忘れ、物を粗末にすることは、その背後にある人間や、天の働きに眼《め》をやらないことである。それは心の荒廃につながる。それかあらぬか日本の経済成長がピークに達したころ、「荒れる中学生」が大きな社会問題になった。

私の友人に、そうしたツッパリ君たちの面倒をよく見てくれた男がいる。彼は、少年たちの心奥にひそむ哀《かな》しみや優しさを引き出して、逆につっぱるエネルギーを活かそうとした。

「心も、皺《しわ》だらけになったら、落とし紙のようなものやろ。そこを、落とさずに救《たす》けるが、この道の理やで」（同四五「心の皺を」）

教祖のこの言葉を、教会長の私より、未信者の彼のほうが上手に実践したのである。大量生産・大量消費。どうすれば安く、速く、より売れるものを作れるか。無駄を省き、利益を求める。効率至上のこのモノサシは自動車を生産するには非常に有効である。だが、それを人間に適用しようとすれば、必ずはみだす人が出てくるだろう。

いまや人間も使い捨て。一家を背負って立つべき人がリストラに遭って職を失う辛《つら》さは、察して余りある。ともすると人生の敗残者のように本人も周囲も思ってしまう。

老人にしてもそうだ。ある日、一人のおばあさんが訪ねてきて言うには、

「若いときは、外でお金を稼ぐことができました。田畑の仕事も家のなかのことも何でもしました。ところが先日、手伝おうと思って台所に立つと息子の嫁が飛んできて、二度手間になるからしなくていいと。もう私のような役立たずは家族の邪魔者、死んだほうが……」。

＊

「人間の反故《ほうぐ》を、作らんようにしておくれ」（同一一二「一に愛想」）という教祖の言葉が、心に痛い。

生かされているということは、命あることだけを意味するのではない。能力や持ち味が発揮されたり、その存在が活かされてこそ、人は充実感をもつ。効率優先の社会ではそこが難しい。

だが教祖は、「働くというのは、はたはたの者を楽にするから、はたらくと言うのや」（同一九七「働く手は」）とおっしゃった。そう価値観を変えれば、リストラに遭った人にも、孤独なお年寄りにも、自分を活かす道は開けてくる。これは教会の仕事の大切な領域であると考える。ひのきしんという優れて今日的な教えがあるのだから。

*

「この世で最も不幸な人は、病人ではありません。貧乏な人でもありません。それは、誰からも必要とされなくなった人です」

マザー・テレサの言葉である。

もし、必要とされるという意味が、金を稼いだり何か仕事をしたりすることだけをいうのなら、人間いずれ何もできなくなるから、最期は皆、一番不幸な人として終わることになる。そんな陽気ぐらしがあるだろうか。

私の母は、晩年リウマチで寝たきりになり、役に立つどころか、ずいぶん皆さんの世話になった。しかし誰も母を必要ないとは思わなかった。もし私の子供たちに何がしか人を思いやる心があるとすれば、それは次第に弱ってゆく母から贈られたものである。

誰も皆、その人なりに一生懸命その人生を生きてきたのだ。「人を活かすという究極のところは、その存在に敬意を払うことである」と、私は思っている。

そう考えるに至ったのは、母の看取《みと》りの日々に容易ならぬことが多々あったからである。容易ならぬことをふしという。ふしを旬と捉《とら》え、天のメッセージとして活かすとき、そこから芽が出る。「何一つ要らんというものはない」（同六四「やんわり伸ばしたら」）と教祖はおっしゃった。

生かされているご恩返しは、活かすこと。人を活かし、物を活かし、ふし（旬）を活かす。それでこそ自分も活かされる。と、私は信じている。

もう一人の自分――陽気遊山の世界

遊びをせんとや生まれけむ　戯《たはぶ》れせんとや生まれけん
遊ぶ子どもの声聞けば　我が身さへこそ揺《ゆる》がるれ
（『梁塵秘抄《りょうじんひしょう》』）

一千年前、平安時代の人たちはそう歌った。生きることは厳しい。生老病死、この世は苦の連続だ。古来、そういう人生観が日本人の共感を誘ってきた。

＊

しかし教祖は、人間の望ましいありようを「陽気遊び」とおっしゃったのである。峻厳《しゅんげん》な人生の現実を、遊びとは不謹慎なと怒る向きもあろう。

辞書を引いてみた。

「遊ぶ……日常的な生活から心身を解放し、別天地に身をゆだねる意」（『広辞苑』）

この言葉に、野球のイチロー選手を思い出した。彼が二千本安打を達成したとき、かの大魔神こと佐々木主浩《ささきかづひろ》が言った。「イチローは天才なんかじゃない」。そばにいて、水面下の大変な努力を目にしていた人ならではの賛辞であったろう。

イチローにかぎらず、名のある選手にもスランプは訪れる。死ぬほどの思いをしたり、なかには絶望の淵《ふち》をのぞき込んだりすることもあるだろう。しかし、それでも野球を捨てないのは、喜びも苦しみも全部含めての、野球を楽しむもう一人の自分がいるからに違いない。

これを私たちの生活に置き換えてみるに、別天地に遊ぶもう一人の自分がいなければ、人間、浮世の重圧に押し潰《つぶ》されてしまうだろう。日本の自殺者が年間三万人を超えると聞いて、もう一人の自分の大切さを思うのである。

＊

天理教では、神のことを親神《おやがみ》という。人間・世界を創造した、いわば人間にとっては親なる存在だからである。

その親神が人間を創《はじ》めかけたのは、人間の陽気遊山《ゆさん》を見て、親神も共に楽しみたいからであるとおっしゃる。

陽気遊山。また辞書を引いてみる。

「遊山……一点のくもりもないはればれとした心境になって、山水の美しい景色を楽しみ、悠々自適に過ごすこと」（『日本国語大辞典』）

なにか水墨画に見るような、人里遠く離れた断崖絶壁の庵《いおり》に住む仙人を想像させる。俗にいて俗にまみれ、心に埃《ほこり》をかぶってしまう私たちは、それだけに、一点のくもりない心を澄ます世界を求め、山水の美しい景色を愛《め》で、自由自在の世界にあこがれる。

つまり、己にとらわれる心から解放され、一切を大いなるものの計らいに委《ゆだ》ね、遊山の世界に遊ぶもう一人の自分である。

そうありたい。しかし私たち凡夫には、とうてい無理だと思ってしまう。そこで古《いにしえ》から人々は、そうした世界を詩や絵のなかに表現したり、あるいは浄土にそれを求めたりしたのではなかったか。

＊

あるお坊さんが、比叡山《ひえいざん》で千日の難行を成し遂げ、心境を人に問われるに、

「そうですなあ。天理教でいうひのきしんの境地でしょうか」

と話されたという。

ひのきしんとは、広く神恩報謝の態度を意味する。

千日の難行など、宗教家といえどもめったにできることではあるまい。私はそれを貫徹したお坊さんを心から尊敬する。

だが、それはそれとして、教祖は、山の仙人ならぬ「里の仙人」の道を教えてくださった。

厳寒の深夜、水ごりを取ったり、川の水に浸《つ》かったりする信者さんに、「この道は、身体《からだ》を苦しめて通るのやないで」（『稿本天理教教祖伝逸話篇』六四「やんわり伸ばしたら」）ともおっしゃった。

私たち凡人でも、山のなかで苦行せずとも、里にあって親神の働きに感謝し、人の幸せを願うひのきしんの態度を培うなかに、次第に陽気遊山の世界が窺《うかが》えるようにな

ると教えていただく。

＊

ひのきしんの究極の姿が、おつとめである。

それは、遊びのもう一つの意味につながる。

「遊ぶ……神事に端を発し、それに伴う音楽・舞踊や遊楽などを含む。①かぐらをする」（『広辞苑』）

おつとめは、感謝や祈りを包含しつつもさらに超えて、親神と共に楽しむ世界に導く。

『天理教教典』は、その境地を次のように表現している。

「……親神にもたれ、呼吸を合《あわ》せてつとめる時、その心は、自《おのず》と溶け合《お》うて陽気になり、親神の心と一つとなる。この一手《いって》一《ひと》つに勇む心を受け取つて、親神もまた勇まれ、神人和楽の陽気がここに漲《みなぎ》る」

神人和楽の陽気。それは単に心が晴れ晴れしいとか、気分が浮き浮きするという個人的な心境、悟りの世界にとどまらない。

「陽気……陽の気。万物が動き、または生じようとする気」（『広辞苑』）

まさに神の勇む姿、躍動する働きである。新たな創造が始まる鼓動、と言ってよい。

現実の人間は、浮世のしがらみにとらわれ、さまざま苦しみも絶えないが、ひのきしんやおつとめによって、陽気遊山の世界に遊ぶもう一人の自分に次第に同化されてゆく。

皆《み》んな勇ましてこそ、真の陽気という。

（おさしづ　明治30・12・11）

神人和楽の世界は、ここに社会性をもって果てしなく広がる。

花は根に、鳥は古巣に

私どもの教会に、宇野《うの》ミヤという名の信者さんがいる。百三歳である。終日ベッドに横たわっているが病気ではない。頭も肝心なところはしっかりしている。ただ時々トンチンカンな問答になる。

「おばあちゃん、お名前は?」と問うと、「わたし、斎藤《さいとう》ミヤというの」と答える。斎藤とは生家の名字である。住まいも生まれ里の地名を言う。

「すっかり子供時代に帰ってしまって。新しいことは忘れても、やはり古い記憶は残っているのですねえ」と、世話をしている実の娘さんが言った。

「新しいことを忘れるといっても、おばあちゃん、結婚して八十年以上も経《た》っているわけでしょう。元へ帰っているのではないのかなぁ」と、私。

「それ、どういうことですか？」

「花は根に、鳥は古巣に、という言葉があるそうです。木に咲く花は散って根もとに落ち、根の肥《こ》やしになる。空飛ぶ鳥は古巣へ帰る。ものみな元へ帰るという意味だと……」

「ハハハ、今の若い人たちは根になんか帰りませんよ。みんな風に吹かれてどこかへ飛んでいって、親元など見向きもしません」

「そんな人も多くなりましたね。しかし親子というのは、なにかもっと深いところで結ばれているのではないでしょうか」

　私は、ある高校の先生から聞いた話をした。

「その高校は全寮制で、生徒は親元から遠く離れて生活をしているのですが、時にヤル気を失ったり、生活が乱れたりする子がいます。そんなときは、たいてい実家に何かが起きているというのです。両親が不仲になったり、家族のいさかいがあったり……。もちろん生徒は親元のことなど知らされていないのですが」

＊

さて、その数日後、ある新聞記事が私の目をうばった。

時は千三百年昔の奈良時代。井真成《いのまなり》という青年が遣唐使の一員として中国へ派遣され、玄宗《げんそう》皇帝に仕えて将来を嘱望《しょくぼう》されたが、惜しくも三十六歳で異国に没した。このたび、その墓誌が発見されたという。

墓誌の末尾には、「体はこの地に埋葬されたが、魂は故郷に帰るに違いない」と記されているそうである。

選ばれて華の遣唐使。中華と誇る唐の国の、これまた玄宗皇帝栄華の時代。華の都の長安で、衣冠束帯を身にまとい朝廷に出入りする華のエリート。まさに「華」づくしの生涯だが、死して魂は、はるか日本のふるさとへ。

＊

魂が生まれ故郷へ帰るという思想がどこからきたか、私は知らない。

ある詩人は「ふるさとは帰るところにあるまじや」と歌った。その文学的解釈は別として、自分の生まれ故郷に良い印象を持てない人も多いだろう。

しかし教祖は、もっと根源的な、人類のふるさとを教えてくださったのである。

奈良県天理市の、天理教教会本部が所在する「親里《おやさと》ぢば」。教祖を慕う人々は、そこを人間創造の元なる親がおわすふるさととして、どんな遠くからでもそこへ参って、「おぢばがえり」という名の里帰りを楽しみ、生きる力を与えていただく。そこにいて不思議なたすけを体験する人も少なくない。

その元なる親の存在を信じるから、私は、たとえば死者への弔文を書くとき、「ゆっくり親の懐に抱かれて、長年の疲れを癒《い》やしてください」という意味の言葉で結ぶ。そう祈らずにはおれないのである。

＊

教祖はまた、魂の原点、心のふるさとを教えてくださった。

「元の理」によれば、人間の親なる神は、この世の元初《もとはじ》まりにおいて、混沌《こんとん》たるどろ海の状態を味気なく思召《おぼしめ》され、人間を造り、その陽気ぐらしをするのを見て、ともに楽しもうと思いつかれた。

そこで人間創造の素材として、さまざまな生き物を呼び寄せるのだが、それらの生き物に共通するのは一様に「素直な一すじ心」であったという。詳細は省くが、私はここに人間の本性、心のふるさとを見る。すなわち天理教の人間観は徹底した性善説に基づくと考えるのである。

現実の人間世界を見れば異論もあろう。甘い、という批判は承知であるが、私は思うのである。幼子の目はどうしてあんなに澄んでいるのだろうか。そこに人間元初まりの面影を窺《うかが》える気がしてならない。

＊

教祖は、栗にたとえておっしゃった。

「栗はイガの剛《こわ》いものである。そのイガをとれば、中に皮があり、又《また》、渋がある。その皮なり渋をとれば、まことに味のよい実が出て来るで」（『稿本天理教教祖伝逸話篇』七七「栗の節句」）

人類は長い歴史のなかで、欲や高慢をはじめ、さまざま心のほこりを積んできて、世界は「草がしこりて道知れず」の状態だが、それでもあきらめず一歩一歩、心のイガや渋をとる努力を続けていくならば、きっと「素直な一すじ心」という心の原点に立ち戻ることができると信じる。

人間、成人の途上にあるもの。一歩前進二歩後退の道中もあろうが、ふるさと回帰の営みをたゆまず続けたい。

人間創造の元一日は、決して遠い過去のことではない。

新幹線と鈍行列車

学生時代、鈍行列車によく乗った。青森から天理まで一千余キロ。三十時間の長旅は少しも苦痛でなかった。金はないが時間はたっぷりあった。

＊

日本海沿岸の、巨大な岩にがっちりと根を張った松の木の強靭《きょうじん》な生命力に感嘆したり、強風に吹き飛ばされぬよう屋根石を並べた家々の、夕暮れの灯《あかり》にその暮らしぶりを想像したり。

新潟から富山に入ったあたりで夜が明ける。どやどやと行商のオバサンたちが乗り込んできて、車内が急に魚臭くなる。言葉がまるで分からない。しかし親切で、干物や果物をもらった記憶もある。時には酔っぱらいのオジサンに閉口もしたが、ともかくそこには人々の生活が息づいていた。日本一の長距離を走る鈍行列車は、さまざまな庶民の姿を反映して走った。

＊

ところがいまや、走るホテルといわれた寝台特急《ブルートレイン》「あさかぜ」や「さくら」も姿を消して、世は新幹線や飛行機の時代。より速く、より快適にと、風を切り裂き、猛スピードで目的地を目指す。所要時間は大幅に短縮され、便利なこと、この上ない。

だがそこでは、岩に食い入る松の根っこなど見えはしない。生活の匂《にお》いも伝わってこない。座席は一方向き。人はそこで暫《しば》しの休息をとるか、書類をひろげる。他に煩《わずら》わされることなく、煩わすこともなく、なにか隣に話しかけるのも遠慮したくなる雰囲気がそこにはある。

＊

世の中、効率化が進み、途中のプロセスが省略されるにしたがって、会話が少なくなり、人との交わりも希薄になる、といえないだろうか。

近年、他人とのコミュニケーションがうまくとれず、社会に出ることのできない若者が増えているという。時にそれが犯罪に結びついたりする。

パソコンや携帯電話など、さまざまな通信手段に事欠かないが、言葉は省略、記号化され、直接会って話をするときのような気遣いがないだけに、深い人間関係は育ちにくい。

私は声がけ運動を自らも行い、人にも勧めている。

「おはよう」

「こんばんは」

子供にでも大人にでも、できるだけ声をかけよう、と。

ところが最近は、子供にうっかり話しかけようものなら、怪しいオジサンと警戒されかねない。そして人間関係は、ますます孤立化へ向かう。

＊

話は変わるが、ある青年起業家が放送局の株を買い集めて、日本中の注目を集めている。

私はこの青年に、荒野に獲物《えもの》を狙《ねら》って疾走する野獣を連想した。彼は言う。

「いいえ、食い殺しません。ボクに任せればもっと儲《もう》かるし、企業価値も上がりますよ」

金さえあれば何でもできるという価値観に共鳴してか、この人のセミナーには多額の金を払ってよく人が集まるらしい。

「企業を立ち上げるなら、一から始めるよりどこかの会社を吸収合併したほうが手っ取り早い。つまり時間を買うのです」

新聞で読んだ彼の講演のさわりである。

プロセスの省略。その分お金を払っているのだから何が悪い、という論法である。この人にとって時間とは、資産価値や有望性、要するに数字で計ることのできる世界である。

しかし、相手の会社には営々と積み重ねてきた歴史がある。それは単なる時間の集積ではない。喜びや苦しみを共にしてきた人間の歴史である。数字だけでは計れない世界がある。そこへ札ビラを切ってズカズカ土足で入り込んでくるのだから、「何を無礼な！」ということになる。

＊

若者が全力で何かに打ち込む姿は、時として感動的である。だがそれは、目に見えない陰の部分を大切にするならばこそ。

最近、「結果を出す」という耳障りな言葉が流行《はや》っているが、結果などというのはその時その時の通過点のようなもので、自分の生き方に究極の大きな目標を持つなら、人生すべてがプロセスではないか。

みな鈍行列車から新幹線や飛行機に乗り換えて、どこへ急ごうとしているのだろうか。

先端技術に汲々《きゅうきゅう》として、生存の基盤である「土」の感触を失ってはいないか。私たちはもう一度、素朴な農耕の時代を思い出したほうがよさそうである。

＊

種を植えにゃ生えん、蒔《ま》かにゃ生えん、育てにゃ育たん。（おさしづ　明治24・11・16）

一つの種を蒔く。旬が来たなら生える。急《せ》いてはいかんで。（同　明治22・7・24）

肥無ければ蒔き流しの種も同じ事、（同　明治26・7・12）

人間の一生の事は急いてはいかせん。末代の道やもの。急いてはいかせん。天然自然の道に基《もとづ》いて、心治めてくれるよう。

（同 明治23・2・6）

これすべて、天理教の原典に見る教祖の言葉である。

つくる――人間への眼差し

まずは検査のつもりが即刻入院、手術となってしまった。

天理よろづ相談所病院「憩《いこい》の家」。その名の通り、よろずケアの態勢が整っているから何の心配もないと知っているが、手術はおろか入院さえも初めての体験である。きっと強い恐怖心に襲われると思っていたが、不思議にも平静で、手術の前夜など一種の高揚感さえあった。

後日、あるがんセンターに勤める医師、K氏が天理参拝のおり見舞ってくれたので、そのことを話すと、即座に言われた。

「それは不安感の裏返しです」

そうだったのか。実は手術の翌日、夢を見たのである。ベッドの周りに胃の内視鏡をはじめ物々しい検査機器や、そのほか巨大な機器がずらりと並んでガチャガチャ金属音をたて、一斉に喚《わめ》いている。「検査だぞ、早くしろ」。私はベッドに海老《えび》のように縮こまって震えていた。

＊

「検査がよほど辛《つら》かったのかな」とK氏。

何もかも初体験だから、検査が苦しくないといえば嘘《うそ》になるが、大腸にバリウムを注入されたときにはまいった。

検査が終わって立ち上がると尻からバリウムが流れ出てきたのである。慌ててトイレへ急ぐも、廊下の両側には検査を待つ人たちがぎっしり。その衆人注視のなかを、足元を伝う白い液体を点々とこぼしながら間一髪、トイレのドアを閉めた途端にザーッと一面の白い海。せめて失禁用のパンツ一枚でも用意するよう事前に言ってくれたら……。もしこれが女性だったら、どんなに惨《みじ》めな思いをするだろう。

検査エリアは一時の止まり木のようなものだ。しかし、そこへ行く人はみんな不安を抱えている。検査は苦しくないかしら。なんと診断されるだろう。なかには早く横になりたい人だっている。それだけに検査エリアの快適性（アメニティ）には環境面も含めて十分配慮してほしい。検査は、名探偵よろしく犯人探しが得意なだけでは不十分である。患者への配慮がどれだけなされているか。

K氏は言った。

「まあ、どこの病院でも課題は山ほどあるけれど、ここは非常に優れた病院ですから、ドクターをしっかり信頼してかかったほうがいいですよ」

＊

「憩の家」は優れた病院であるか。私は入院患者の立場からそれを辿《たど》ってみた。すると驚いたことに、例の検査の一件を除いて、四十日の入院期間中、不愉快な思いをしたことが一度もなかったのである。医師《ドクター》の説明は分かりやすく行き届いていて、こちらの思いもまたよく聞いてくれた。看護師《ナース》の皆さんの満面の笑顔には、どれだけパワーをもらったことか。

そして事情部の先生をはじめ多くの方々の祈念を頂いて、手術後はほとんど苦痛もなく退院に至った。私にとっては、まったくありがたい入院であった。ここには創設者の精神が生きていると思った。

「憩の家」の創設者は、中山正善《なかやましょうぜん》二代真柱様であるが、一九六六年、開所に当たり、「患者さんには底なしの親切を」と繰り返し訴えた。それは、優しくという単なる心構えではない。「病院の主人公は患者である」という意味である。

ちょうどそのころから、世界的に医療の流れが大きく変わってきた。

これまでは、「悪いようにしないから、専門家の私に任せなさい」という医師の言葉を疑わず、ご機嫌を損なうまいと、患者はひたすら気を使っていた。

ところが今日では、医師は患者に分かりやすく懇切に説明して、患者の了解のうえで事を進める、という方向にある。

また、たとえばこれまで延命一条だった医療が、生きている間の「生活の質」を重視するようになり、さらに、人間は決して患部だけを病んでいるのではないと、「全人的医療」の必要性がいわれるようになった。

そうした潮流に先んじて、「憩の家」と命名したり、心のケアとして事情部の充実を図るなど、創設者の先見性には驚くが、教祖の教えを医療面に生かせば、当然そうなると今になって気がつく。そこには人間に対する深い眼差《まなざ》しがあった。

＊

さて、話は変わる。入院して完全絶食の間にご馳走《ちそう》の本がやたら読みたくなって、『あまから手帖《てちょう》』なる雑誌を求めた。

なかに、沖縄サミットの首脳晩餐会《ばんさんかい》で総料理長を務めた水野邦昭《みずのくにあき》氏が登場する。その言葉。「自らの力で全身全霊を込めて作った料理を、信念をもって提供し、お客様に美味《おい》しいと喜んでもらえば、それがすでに一流なんです。でもそこへ辿りつくのが非常に難しい」

教祖は、「物は大切にしなされや。生かして使いなされや」（『稿本天理教教祖伝逸話篇』一三八「物は大切に」）とおっしゃった。病院をつ、く、る、料理をつ、く、る、道具をつ、く、る。「つくる」という営みは千種万態だが、優れたつくり手は、みな人間への確かな眼差しを持っている。それでこそ人も物も生かされる。

夢――神の働きの世界

若いころの友人S君と四十年ぶりに再会した。高校教師を数年前に定年退職して、今はちょっと渋味のあるおじさんだ。

定年になった彼は、まずラテン語の習得を始めたという。大学の卒業論文には、英国の「大憲章（マグナカルタ）」を取り上げたが、立憲政治の出発点となったこの文書の原文はラテン語で、それを読めぬ彼は英文のテキストに甘んじた。だが「いつかはラテン語で」という夢を、卒業以来ずっと持ち続けていたのだという。

その次に、授業ノートの作り直しをした。世界史を担当していたのだが、もう教師稼業《かぎょう》は終わったのに、二度と使う目的のない授業ノートを三年がかりで新たに作ったのである。

なぜそんな、無駄に思えることをしたのか。S君は笑って答えなかったが、たぶん彼は自分を納得させたかったのではないか。

教壇に立った人なら誰でも経験することだろうが、「今日は完璧だった」という授業など皆無と言ってよい。未熟さからではない。宿命的にそうなのだ。とくに世界史など、大海に漕《こ》ぎ出す小舟にも似て、扱う対象の大きさと複雑さに圧倒されてしまうだろう。むしろ満足感に浸ったときこそ危ない。

S君も過ぎ来し教師生活を顧みて、生徒と分かち合った喜びや感動も多かったろうが、悔いもまたあったはずである。意に満たなかったところをもう一度整理し直して、定年後の新しい一歩をすっきりと自分自身納得したかたちで踏み出したい。そんな気持ちではなかったか。

定年という大きな節目を迎えて、再就職や年金の勘定も大事だろうが、S君のように、これまで通り来た足跡を洗い直してみることも大切なことだ。それが人生の実りの秋を迎える原動力になる。

＊

そんなことを考えていた矢先、私にも転機が訪れた。最近どうも体調が優れず、周囲から厳しく促されて病院へ重い足を運び、診察を受けた結果、がんが発見されたのである。胃を全摘し、大腸も切った。

私は教会長である。人に道を伝えるのが仕事だと思ってきた。しかし自分自身が幾重の道を通ったわけではないから、まだ歩んだことのない道まで人に伝えなければならない。そのジレンマがあった。

その点、これまでは病人さんを祈念し、教えを説いてきたつもりだったのが、立場が逆になってみて気づいたことがある。

たとえば、病床で私が最もありがたく重く受けとめることができたのは「お願いづとめ」や「おさづけ」などの祈念であり、軽やかな笑顔であった。

言葉は非常に大切であるがゆえに、時として不要であり、邪魔にさえなると、ふだん饒舌《じょうぜつ》な私は大いに反省したのであった。そして、道は、伝えるというよりも一緒に歩くものであると、いまさらのように気づいた。

＊

さて、そんな私が試されるかのように、退院後、三人のがんに向き合うことになった。

一人は遠く離れた土地に住む信仰熱心な奥さん。乳がんだった。さっそく飛行機を乗り継いで、妻を向かわせた。

「格別なお諭しをしなくてもいいから、しっかりおさづけを取り次ぎ、ひと晩ゆっくり彼女のそばに寝ておいで」と。

それから今度は、ある奥さんが二十年ぶりに教会を訪ねてきた。働き盛りの息子さんが大腸がんだという。

「私もがんで、つい先日退院したばかりなんですよ」と言ったら、途端に奥さんの目が輝いた。後で人に洩《も》らしたそうである。「教会へ行って何より安心したのは、会長さんもがんをやったと聞いたことでした」と。

そしてその奥さんは、やはり息子のがんで心痛の、もう一人の奥さんを連れてきた。

私はこれらの人たちに対して立派なお諭しはできないけれども、自分が患ったせいか、何か安心感のようなものがあって、またある種の仲間意識も加わって、じっくり話を聴ける気持ちになれたのである。

「入院も、手術も、みんな生きてくるのね」と、これは妻の言葉。まったく神の計らいと言っていい。今まで人さまに申し上げてきた神の言葉の、さらに深い意味を、今度は自ら問い直し、辿《たど》るのである。

それにつけても、S君の授業ノートを作り直す作業は、さぞ楽しかっただろうなと思う。時間に追われず、どこで道草しようが、わき道へそれようが自由だ。歴史は彼の前に、きっと現役時代とは別な顔を覗《のぞ》かせていたに違いない。

教会長に定年はないが、私の「ノート作り」に神はどんな世界を覗かせてくれるのだろうか。

＊

「一度船遊びしてみたいなあ。わしが船遊びしたら、二年でも三年でも、帰られぬやろうなあ」（『稿本天理教教祖伝逸話篇』一六八「船遊び」）

私は教祖のこのお言葉が好きだ。

生きることは未知の海原《うなばら》へ漕ぎ出す航海にも似て、行く先々どんな発見があるか、どのような世界が開けてくるのか。神の働きによるこの世界の広さと深さに分け入ろうと、夢は果てしなく広がるのである。

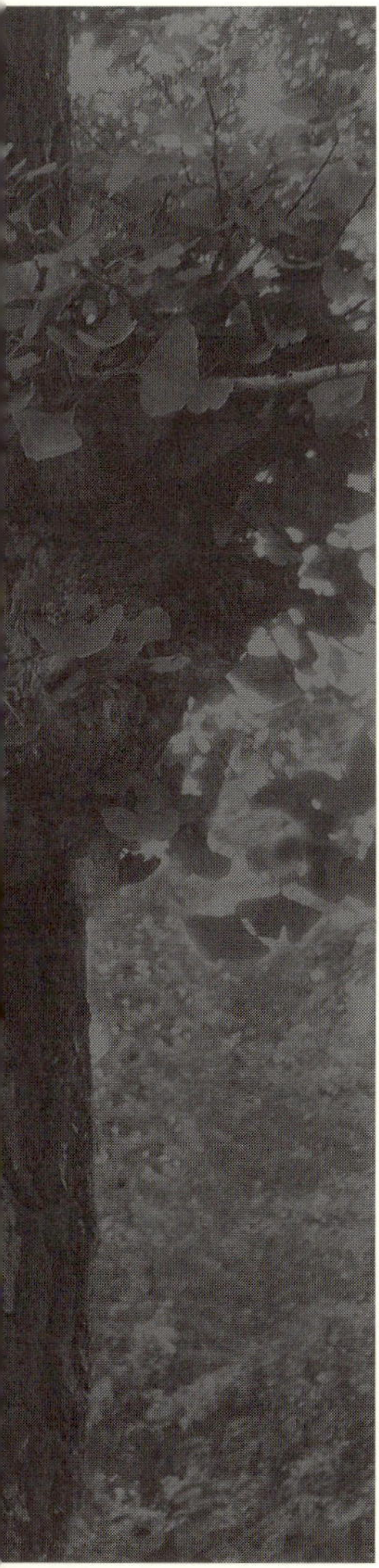

第二章

心の旅、いのちの歌

赤とんぼの歌

一度は行ってみたいと思っていた。兵庫県は姫路《ひめじ》市の北西、龍野《たつの》の町へ。童謡『赤とんぼ』の作者、三木露風《みきろふう》誕生の地である。

夕焼け小焼けの赤とんぼ
負われて見たのはいつの日か

露風の詞に山田耕筰《やまだこうさく》が曲をつけたこの歌、さる二月、朝日新聞が童謡の人気投票を行ったところ見事一位に輝いた。二位の『ちいさい秋みつけた』を大きく引き離して。

早春の一日、龍野行きの念願叶《かな》い、一人旅のつもりが同行者も現れた。その方の手配によるボランティアガイドは八十一歳のご婦人だったが、まるで露風の親戚《しんせき》のようにくわしく、おかげでこちらも親しい気分になって、等身大という露風の銅像に向き合った。

「露風先生、あなたはご両親の間に何か事情があって寂しい幼年を過ごしたらしいですが、そのせいか、『赤とんぼ』の歌には母という言葉が一つも出てこないのに、無性にふるさとを思わせます」

そういえば『ちいさい秋──』のサトウハチローもまた、父・紅緑《こうろく》とさまざま軋轢《あつれき》があったと聞く。年重ねて今なお童謡を歌い続けるバリトン歌手の山本健二《やまもとけんじ》氏は、「童謡にはもの悲しさを感じさせる歌が多いが、それが、やさしさに通じるもののあはれを感じる心を育ててくれるんです」と言う。

◇

あれこれ思いにふけって、ようやく龍野公園の茶室「聚遠亭《しゅうえんてい》」にたどり着いたとき、突然、「親神様に拝礼!」の声。驚いて振り向くと、教会長さんご夫妻と数人の子供たち。毎月ひのきしんに来ているのだと。皆さんの笑顔がよかった。

この一行と話しているうちに私は、前日お会いした教会長さんの顔が浮かんだ。昨年、大水害に見舞われた佐用町《さよう》へ災害救援ひのきしん隊が出動したときの話だったが、

「あの出動は本当に喜ばれました」と語るその表情に、ああ、これがひのきしんの醍醐《だいごみ》味だなと、災救隊の創設に多少かかわった者として私もうれしかった。

◇

ところで昨年十二月、世界思想社から『社会貢献する宗教』という本が出版された。オウム真理教の地下鉄サリン事件から今年で十五年、宗教の社会的あり方に関心をもつ研究者が次第に多くなって、この本はそうした問題に取り組む宗教社会学会の研究の一端であるという。

編者の一人、カルト問題にもくわしい櫻井義秀《さくらいよしひで》・北海道大学教授は言う。

「宗教が社会にかかわる際、社会から何が要請されているか、実際に何ができるかを自問してほしい。理想と現実の葛藤《かっとう》、すり合わせの経験が大事。そうした経験がないと『いいことをやっている』と思い込み、独善に陥る」（平成22年3月13日付『朝日新聞』）と。

この本には、各教団の社会活動も報告されている。全部で二十九の教団に質問を発したというが、回答があったのは孝道教団、金光教、真宗大谷派、真如苑《しんにょえん》、創価学会、天理教、日本カトリック司教協議会、日本基督《キリスト》教団、立正佼成会《りっしょうこうせいかい》の九教団。

天理教については、こう記している。

「天理教の社会活動は、ひのきしん（＝親神への報恩・感謝の心から生まれる行為・行動）としてとらえ、ボランティア（＝他者のための奉仕・献身）とはなじまない」

「注目されるのは災害救援ひのきしん隊。全都道府県に常設され、組織的かつ自給自足的な救援活動を実施できる能力を備え、量質ともに自衛隊に次ぐともいわれる」

本教のその他の社会活動についても、ほぼ正確に、もれ落ちなくふれているが、ただ平和運動についての積極的な記述はない。私はそれでよいと考えている。

いつか、学校の先輩に言われたことがある。「天理教では核兵器賛成か反対か」「もちろん反対だ」「それなら僕らの運動を支援したまえ」。何と乱暴な論理かと呆《あき》れた。そんな調子では、平和の名の下にまた新たな敵をつくるだろう。

三代真柱様は、災救隊に対して事あるたびにおっしゃった。「災害のとき誠心誠意ひのきしんに励むのはもちろんだが、大事なのは、そうしたふしを見せていただかなくてもすむような、日々の通り方にある」と。

平和運動も同様、何か特別な活動をするという前に、まず日常の社会生活にあって教えの実践が問われているのだ。

◇

四月二十九日、全教一斉ひのきしんデーである。たぶん先に立つ人は恒例行事だからとてマンネリに陥らぬよう、さまざま工夫をしているだろう。それでも、大人も子供も高齢者も一緒となれば、場所の設定からして難しく、幸いこれまでは参加することに意義ありで、作業の中身が問われることはなかったが、これからは、社会的にも積極的な意義が感じられるようでなかったら、魅力を失うだろう。

そこで、と考えてみる。もし、毎月一回、十人集まる小さなひのきしん現場が一万カ所あったら、と。

それだけで年間百二十万人の社会貢献、などと大げさなことを言うつもりは毛頭ない。学ぶのである。社会が何を求めているかを。その日々の積み重ねのうえでの全教一斉ひのきしんデーならどうだろう。「一万カ所など、とても」と言うなかれ。天理教の教会は全国に一万六千もある。

そう考えて、私も楽しい心定めをしたのである。あの龍野の町の少年会の皆さんに倣って、小さなひのきしんを始めようと。きっと『赤とんぼ』の歌のような、ふるさとを慕うやさしい心が育ってくると信じて。

人の喜びや哀《かな》しみに心を寄せる感性は、陽気ぐらしの根幹である。それは喜びの種を蒔《ま》く日々の行動のなかにこそ培われるだろうと考えている。

しまなみ紀行

山陽道の尾道《おのみち》から四国の今治《いまばり》まで、見事な橋で結ばれた瀬戸の島々をサイクリングの若者が行き交う。のどかな秋の一日、こちらは自転車ならぬ乗用車に乗せてもらって、目指すは生口島《いくちじま》の平山郁夫《ひらやまいくお》美術館。十年ぶりの再訪である。

平山画伯のファンは多い。緑に囲まれた大和《やまと》の寺々、紺青《こんじょう》の瀬戸の海、そしてシルクロードの砂漠をゆく駱駝《らくだ》の行列に東西交流の昔を思う。

訪ねたその日は、奇《く》しくも「敦煌《とんこう》と楼蘭《ろうらん》」と題して作家・井上靖《いのうえやすし》との交流をテーマに企画展が催されていた。

井上靖にも『敦煌』や『楼蘭』などの作品がある。まだ学生だった私は、氏の『天平の甍《いらか》』を夢中になって読んだ記憶がある。遠い奈良時代、遣唐使の一員として中国へ渡った俊秀《しゅんしゅう》たちに思いを馳《は》せて。

平山画伯より二十歳以上も年長なのに、井上靖の手紙はあたかも尊敬する大事な友人に対するように語り掛けていた。

画伯の生家は生口島でも一、二を争う旧家で財産もあったそうだが、父上は万事おおらかで人に金を貸しても催促しないし、保証人にもどんどんなってしまう。そのぶん人望はあるが家は破産状態。後日、息子は不自由しないだけの相応な金を送るが、実家へ帰ってみると実に質素なものしか食べていない。尋ねると、お金はみな施設やお寺に寄付してしまったと。

息子として、そんな父上を手放しでは喜べなかったろうが、しかし後年、シルクロードの貴重な遺跡や文化財が年々傷んでゆくのを案じた氏が、私財をなげうって平山郁夫財団をつくり、その保護のため尽力してきた足跡は父上と重なるものがある。

「歴史の悠遠《ゆうえん》の流れの中で、人類は連綿と生き続けてきました。一人一人の人間が、それぞれの人生を精いっぱいに生き、その生命を確実に次代につないできた結果です」

「人間の一世代を約三十年と考え、かりに三十代前に遡《さかのぼ》って私の生にかかわりのある両親を数えたら、二の三十乗、十億七千万余にもなります。それほどの数の、どのひとつの生命が欠けても、今日の私はないわけです。……そこに至るまでに、どれほどの恩恵を、どれほどの人から蒙《こうむ》っていることか」(平山郁夫著『群青《ぐんじょう》の海へ』)

◇

この瀬戸の島々にも多くの教会がある。近年まで橋ひとつ架かっていなかった。昔は定期便の船さえなかったろう。だから医者のいない島では、おたすけ人は何日も何日もその島に留《とど》まり、懇切に病人のお世話をし、祈ったのではなかったか。

いつか北海道で、牧場の真ん中にポツンと一軒建っていた教会に参拝したことがある。「どうしてここに教会があるのですか」と問うと、年老いた会長さんの言うには、「ここはもともと開拓地でした。開墾は馬がなければ仕事ができません。もし病人が出ると、ここから医者のいる釧路《くしろ》の町まで三〇キロ、車のない時代のこととて、通うわけにもいかず、入院でもしようものなら、馬一頭を売らなければならない。生きる術《すべ》が失われてしまいます。病人が出ることは一家の死活問題だったのです。どうしても神様に頼るしかなかったのです」。
おたすけには命が懸かっていたのである。

◇

さる十月二十六日、ご本部秋季大祭に、教祖百三十年祭に向けて「諭達第三号」が公布された。簡潔で分かりやすいという声が多く、私も同感だったが、今度こそは従来の二の舞いを踏むまいと誓った。

というのは、たとえば教祖百年祭の諭達に「百という字の意《こころ》は白紙に戻り一より始めるを謂《い》う」との文言があった。なるほどと思いながらも、何を白紙に戻して、どこから新たな一歩を踏み出すのか、そこを曖昧《あいまい》にしたまま、いたずらに時を過ごしてしまったという反省が私にはある。

今度の教祖百三十年祭こそ、諭達の精神を実行にうつすに、「本当の陽気ぐらしとは、たすけとは」と思案を深め、言葉の解釈ではなく、数値目標でもなく、自分の生き方として何をどうするのか、そこを明確にして取り組まなければと思っていた。

それにちなむことだが、平山美術館の帰り、隣の因島《いんのしま》の、ある会社に立ち寄った。

そこの創業者（現会長）は東京農大で酵素の力に魅《み》せられてその研究に取り組み、健康食品や農業用特殊肥料の開発に大きな成果を上げ、いま製品は世界に広がっている。

野の幸、海の幸、いわば親神様のご守護の産物を何十種類か合わせ発酵させて製品をつくるのだが、その熟成に至る最も適した期間が三年三月《みつき》だと経験的に分かったという。

おふでさきにも、「三ねん三月と、まりていた」とあるが、親の代から熱心な信仰者であり、ご自身も教会の役員である創業者のM氏は、その数字を大事にする。

◇

よく「三年千日」という。このたびは諭達公布から教祖百三十年祭まで三年三月。この「三月」というのはなんだろうと思い、ハッと気がついた。それは飛行機に例えたら滑走の期間ではないか。走り高跳びなら助走。そこをしっかり走らなければ、高く飛べないどころか失速してしまう。

来年の春季大祭まで三カ月、じっくり考えて、諭達に込められた親の思いを、自分の通り方として具体的に心を定めよう。

そう思い、ある先輩に話したら、すかさず言われた。

「それは大事な心がけだが、よほど心しないと三カ月などすぐ経《た》ってしまうよ。しっかり理づくりしてかかったほうがいいのではないか？　それにしてもこの三年間、楽しんで通ろうや。連れていただいて通るのだからね」

連れていただいて通る。私はいつか読んだ平山郁夫氏の言葉を思い出した。

「私の右手が絵筆を持って描くのだが、絵は私一人で描いているのではないと、つくづく思う」（『生かされて、生きる』）

夏の思い出　心の旅

夏が来れば思い出す。おぢばの、学生生徒修養会のことを。

昭和二十八年、高校三年生の夏休み。その年の学修プログラムに、古都奈良の見学があった。私はそのとき初めて猿沢池《さるさわのいけ》ちかくの興福寺《こうふくじ》を訪れた。

国宝の仏像を拝観するのも初めてだったが、なかにひときわ異様な像があって、私はその前に立って動けなくなったのである。

顔が三面、腕が六本。今では多くの人が知っている阿修羅《あしゅら》の像だった。真正面から見ると、いささか眉《まゆ》を寄せて合掌しているその表情は、「どうか、おたすけください」という少年の必死の祈りに思えた。そのころ、私自身、自分を持て余していた。

「井筒クン、この像を見て何を感じますか?」と、後ろから声をかけた人がいる。学修同室のH君だった。やはり立ち去れなかったのか。

後に彼の父上は、「青年は海を渡れ」という二代真柱様の呼びかけに応じてアメリカ布教を志し、苦労して英語を習得することから始めて、ついに彼の地に二カ所の教会を設立することになるのだが、さすがその子息だけあって、キリッと引き締まった表情は、ほかのわれわれ一同と異なるものがあった。以後六十年経《た》ち、今もなお、彼から教わることは多い。

◇

さて、阿修羅像に出会って以来、私の仏像への関心はエスカレートした。

後日、地元の国立大学へ進んだ私は、ある高校の先生と懇意になった。彼は東京大学で日本史を専攻し、卒業論文のテーマが鎌倉仏教に関してだったとかで話が合い、教会へもよく出入りするようになった。

ある夏休み、私は彼と、もう一人、医学部の学生だった友人をおぢばへ誘った。高校教師は、東大寺戒壇院《かいだんいん》の四天王像を拝観したいと言い、暑いなか、奈良まで足を運んだが、行ってみて、休館だと知った。

がっかりして近くの木陰に座り込んでいたら、坊さんに先導された数人の和服のご婦人たちがやって来て、私たちにも手招きした。これ幸いと一緒に拝観させてもらったが、今もその感動は忘れられない。

四天王とは四方鎮護・国家守護の四神のことだそうだが、そのなかで刀剣でなく筆と巻物を手にした広目天《こうもくてん》像は、その眼光の鋭さで私を釘づけにした。これは敵を射貫く目でなく、自分自身を厳しく見つめる目だと悟った。

当時、私は『大和《やまと》古寺風物誌』などを書いた亀井勝一郎《かめいかついちろう》氏のファンだった。左翼運動から転向して親鸞《しんらん》の信奉者となった氏は、自己凝視という言葉をよく使った。自分を厳しく見つめる。ソクラテスの「汝《なんじ》自身を知れ」という言葉にも通じようが、いずれの宗教も、その姿勢なくして本当の信仰はあり得ないだろう。

戒壇院で手招きをしてくれた婦人の一人は、ある作家の奥さんだった。また一人は奈良市で短歌会を主宰していた。その後しばらく短歌会の機関誌や歌集を頂戴《ちょうだい》するなど交流が続いたが、いつか「歌を詠《よ》むのに一番大事なことは何ですか」と問うたら、即座に「自分をよく見つめることです」という言葉が返ってきた。

◇

私は、高校一年と三年の二回、大学の部で一回、学修に参加した。後で知ったことだが、戦後の日も浅いころとて、本部会計も相当厳しい状況にあったという。そのなかを、高校の部の受講生には全員に交通費を支給していただいた。だから遠い北国からでも参加できたのだが、私はその親心に今も感謝している。

主催する立場としては、限られた日数、限られた予算のなかでどんな中身を盛るか頭を悩ますことだろうが、半世紀以上が過ぎた今も、参加してよかったと思う。

たとえば天理高校の校長だった竹村菊太郎《たけむらきくたろう》先生、村上和雄《むらかみかずお》博士の父上・村上英雄《ひでお》先生、『身上さとし』『事情さとし』などの著者・深谷忠政《ふかやただまさ》先生ほか、いずれの先生も、壇上から教え諭すのではなく、ご自身の求道の日々を語ってくださった。先生方にも信仰や学識に加えて、さまざまな心の旅があったことに惹《ひ》きつけられた。

私は学業を終えて間もなく肺結核を患い、老年になって、がんを宣告された。そのなかを、あまり心身の苦しみがなく通れたのは、お道の教えと、先輩先生方の歩んでこられた道しるべのおかげであったと感謝している。

たとえば、肺結核やがんを深谷先生の『身上さとし』の本を参考に思案してみて、自分の正体の自覚や、その後の生き方に大事なヒントを頂き、見せられた身上そのものが親神様のこの上ない親心の表れだと気づいたのである。

そして、私のような人間思案の強い者が、そう悟ることができた根っこのところに、学修や、それに誘発された心の旅があったような気がしてならない。

仏像に魅《み》せられたり、仏教やキリスト教関係の本に興味を抱いたり、それぞれの宗派の人からすれば「まるで自己流」と批判されるかもしれないが、私は、人間が培ってきた文化の一面として、尊崇の念を持ちながらも、あえて勝手な受けとめ方をしている。

◇

いま、私たちの大教会にも、実にさわやかで素直な、身を惜しまぬ青年さんが増えてきた。これらの若者たちが毎日、市内のメーンストリートを笑顔で神名流しする光景は、壮観ですらある。

しかし、すこし足元がふらつき始めた爺《じい》さんとしては、いかばかりか願いもある。

時には迷ってほしいのである。病んで人さまの世話になるのもいい。一生懸命やったつもりでも、失敗することもあるだろう。自分の無力を痛感することも大事だ。

「ハハハ、そんな格好の良いことばかり言うけれど」と、私を知る人は言うだろう。

「おまえさんの孫たちも次から次へと学校を出る。その若者たちがうっかり足を滑らすと、何しているんだと、頭から怒鳴《どな》るのではないのかい?」

いのちの歌

一月一日のこと。私は教会の元旦祭で、この一年間の御礼を申し上げ、新しい年の心定めを誓い、それに加えてこう願った。「私は親神様のご守護の世界をもっと深く味わいたく存じますので、どうか、もうしばらく生かしてくださいますよう……」

そして夕方、ある信者さんの家庭を訪問して車から降りた途端に、アイスバーンで滑ってくるりと仰向けに転倒し、頭と腰をしたたかに打ったのである。もし車がすぐ発進していたら、轢《ひ》かれるところだった。

翌二日、腰が痛くて起きられないが、ある家庭の宅祭に行く約束である。無理かな？　と思ったが、そこのご主人、新年早々入院することになっている。時を外してはいけない。家内の肩にすがって車に乗り込み、雪道を一時間ほど走った。

幸いにも家族の皆さん、一家の主《あるじ》の入院前夜という緊迫感はなかった。ご本人も苦痛を訴えることもなく、笑顔である。

だが、おつとめ中にハッとした。親神様は「無理な願いはしてくれな」とおっしゃる。無理というのは理が無いこと。私はこの家の人々にどんな心を定めたか。むしろ、元日早々に転倒して頭と腰を打ち、「明日、おぢばへ発《た》たねばならぬが、この調子では無理かな」などと、甘えた気持ちでなかったか。早速お詫《わ》びを申し上げ、心が変わらぬよう今日中に出発しようと急ぎ支度を整え、猛吹雪のなかを夜の空港へ向かった。

◇

それから幾日かして、あるお祝いの会に出席した。地元の大学で音楽を講じておられる笹森建英《ささもりたけふさ》教授の、『つがる音の泉』という著書の出版記念会である。

氏は早稲田《わせだ》大学で哲学を学び、卒業後マンハッタン音楽院で作曲の、さらにハワイ大学で民族音楽の修士課程を了《お》えておられる。ご本を一読して、単に回顧談や音楽の蘊蓄《うんちく》ではなく、深く人間性に根ざしたところからの発想という印象を受けた。

たとえば青森県の下北《しもきた》半島にはイタコの霊場恐山《おそれざん》がある。愛別離苦、今はこの世にいない家族縁者の声が聞きたくて、全国から人が集まってくる。笹森氏は、そうした切ない心情を迷信だとか非科学的だなどと否定しない。

「近代医学は、その対象を人間ではなく、病においてきました。人間の生き方にまで医学が視点を据えるなら、迷信として否定してきたイタコの加持祈禱《かじきとう》にも、現代医学に欠落したものを補う何かがあったのではないでしょうか」(前掲書「イタコの風習」)

津軽《つがる》といわず、東北地方は民謡の宝庫である。気候風土のきびしい土地柄とて、絶えず冷害飢饉《ききん》や病気災厄の危険にさらされてきた。だから、そこに生まれた民謡は、人々の祈りであり、喜びや哀《かな》しみの表出であり、住む人みなの心を結ぶ絆《きずな》であったことに思いが至る。

私の高校時代の音楽の担当は木村繁《きむらしげし》先生といって、津軽民謡や童歌《わらべうた》の研究者であった。『津軽の旋律』という合唱曲集もある。

時々、近在の歌の収録に先生のお供をした。当時のあの重い録音機を持って。収録の場所の多くは学校の夜の教室。来るのは歌い手、三味線、太鼓など数人。収録が終わって先生の機嫌が悪い。

「なんで民謡を歌うのに、男が赤襦袢《じゅばん》で来なければならないのだ。民謡は見せ物ではない。命の歌なんだ」

◇

命の歌といえば「みかぐらうた」こそ、まさしくそれであろう。

まず一下り目、二下り目には、難渋にあえぐ人々の基本的な祈りがすべて歌われている。豊年、無病息災、身につく、世直り、所の治まり……。

しかも、ただご守護を乞うのではない。むほんややまいの根を切る、根本的な解決、真のたすけを意図しておられる。

そしてさらに、「難渋を救い上ぐれば」「心を定めいようなら」と、そこへ至る道筋を示してくださる。「おふでさき」にも、

このさきハせかいぢううハ一れつに
よろづたがいにたすけするなら　（十二　93）
月日にもその心をばうけとりて
どんなたすけもするとをもゑよ　（十二　94）

と教えていただく。

私はお経の大合唱にも、神の栄光を讃《たた》えてその恩寵《おんちょう》を讃美するキリスト教音楽にも聞き惚《ほ》れる。

だが、「みかぐらうた」にはまた別な味わいがある。それは神への畏敬《いけい》というより、神から人間への、慈愛あふれる親の声である。語感で表現すると、「ニコニコいそいそ」。これぞ陽気ぐらしのいのちの歌。

ちなみに『広辞苑』に陽気の意味を尋ねると、まず「陽の気。万物が動き、または生じようとする気」とあり、次いで「心がはればれしいこと。ほがらかなこと。気分がうきうきすること」とある。勇みの心、躍動感……。

◇

ところで、もうすぐ三月十一日。震災のあの日から二年が経《た》つ。東日本大震災の惨状をテレビで見た山口県の陶芸家・三輪休雪《みわきゅうせつ》氏は、瓦礫《がれき》の下で草木が芽生え始めているのに気づいて感動を覚え、「あらゆるものは崩壊と生成を繰り返す」と悟って萩《はぎ》焼《やき》の大作をものしたという。大地と生命のほとばしるエネルギーを感受するには、詩心が要る。

人もまた、出直しと生まれ変わりを繰り返し、悠久《ゆうきゅう》の命をつなげてゆく。ならば、親から子へ伝えられてゆくものの核心は何か。

そこで冒頭に述べた、ご主人が入院するという家庭のことに話を戻す。

息子さんは学校の先生だが、学生時代に拝戴《はいたい》したおさづけの理を、二十数年目にして初めてお取り次ぎしたのであった。毎日、ハッピを着て病院へ通った。彼は言った。

「父のために何ができるかと考えたとき、まずは祈りしかなかった」と。

父上は若いころから、苦労のなかを黙々と一家を支えてきた。周囲の信頼も厚い。息子の心を動かしたのは、親が通り来たその明るく誠実な生き方であったろう。

いま、さまざまに後継者の育成が課題になっている。方法手段も大事だが、本当に伝わるのは琴線に響くいのちの歌、先を歩む人の一途《いちず》な陽気ぐらしの足跡ではあるまいか。

「見よ、空高く」――明本京静ものがたり

九月のある日、少し根気の要る仕事がひと区切りついて仕事部屋の後片づけをしていたら、本棚からポトリと落ちてきたものがある。紙袋に入った新聞の切り抜きだった。

『あおもり　はやり歌、人もよう』という連載コラムの、「作曲家・明本京静《あけもときょうせい》の巻」全十二回分。

明本京静氏は、ご存じ『天理教青年会々歌』や『天理教婦人会々歌』の作詞者である。切り抜かれた資料は貴重だが、新聞の紙名も、執筆者も分からない。いつ、誰が持ってきてくれたのか、どうして本棚のその場所にあって、なぜ急に落ちてきたのか、それも見当がつかない。

◇

新聞コラムの京静氏略歴にはこうある。

「明治38年生〜昭和47年没。青森県黒石《くろいし》市に生まれ、旧制弘前《ひろさき》高校から東京帝大工学部に進むが中退、武蔵野《むさしの》音楽学校に学ぶ。指揮者近衛秀麿《このえひでまろ》に師事。テノール歌手を経て作詞・作曲家として活躍した。代表作に『父よあなたは強かった』、『あゝ紅の血は燃ゆる』、『風はそよ風』（NHKラジオ歌謡第一号）、『武田節』など……」

京静氏は、藩政時代から続く円覚寺《えんがくじ》という浄土真宗のお寺の息子である。お寺は、私の住む黒石市の駅前にある。長男でなかったから、東京帝大工学部を目指してまずは旧制弘前高校へ入ったが、ある日、弘前市で開かれた近衛秀麿氏のコンサートにいたく感動し、一面識もない氏の控室へ飛び込み、弟子入りを懇願する。

やがて東京帝大に入学するも、音楽への夢を捨てきれず二年で中退し、武蔵野音楽学校に学ぶとともに、念願の近衛秀麿氏に師事する。

そして昭和六年、作詞・明本京静、作曲・近衛秀麿の『立命館《りつめいかん》大学校歌』を発表した。あたかも翌年披露される『天理教青年会々歌』の試金石でもあるように。

しかも京静氏は、翌昭和七年、近衛氏が主宰する新交響楽団でバッハのカンタータを歌い、作詞・作曲・独唱の三部門で日本コロムビアと専属契約を結ぶ。

◇

このように、京静氏にとっては音楽家としての独り立ちともいうべき昭和七年、第十四回天理教青年会総会が開催された翌月に、「見よ、空高く……」という、明本京静作詞、近衛秀麿作曲のあの歌が、『天理教青年会々歌』として制定されたのである。時に近衛氏三十五歳、明本氏二十七歳の秋であった。

『天理教婦人会々歌』については、青年会々歌レコーディング一週間後の同年十一月二十八日、両氏が親里に来られたのを機会に作詞作曲をお願いし、快諾を得た。そして十二月二十九日、両氏を婦人会理事の中山玉千代《なかやまたまちよ》宅に招き、ほかに婦人会の理事さんも数人集まり、婦人会の歴史や特色を知ってもらうための座談会を開催している。

さらに第二回の会合を翌八年春に開催し、この時「みちのだい」あるいは「心の錦」という文言を歌詞に入れるよう依頼した。歌は昭和九年二月に完成した。

◇

青年会々歌ができた昭和七年は、日本国内においてさまざま社会的な重大事件が続いたが、お道では「全国一斉ひのきしんデー」や「全国一斉路傍講演デー」が始まり、三代真柱様ご誕生というめでたい年でもあった。

私の父はその年、弱冠二十歳で教会長を拝命し、翌八年の春、天理時報（3月12日号）に『明本京静氏と私』と題して手記を投稿した。

「春季大祭でおぢばへ帰ったところ、レコードに吹き込まれた『天理教青年会々歌』が方々《ほうぼう》の店頭から聞こえていた。雄渾《ゆうこん》の気満ち、はつらつたるこの歌を聴くたびに、自分は作詞者の明本京静氏を思い出す」

「不思議でならないのが、浄土真宗の寺院に生を享《う》けた氏が、かくも的確に本教の教語を活用されているということである。ひのきしん、甘露台、あらき棟梁《とうりょう》、三才心。まったく驚嘆のほかない」

「第二の不思議。四十年祭活動の真っ最中の小学校五・六年生の頃《ころ》、自分は父に命ぜられて年祭奉仕の献金を持って毎日のように親教会へ運んだ。帰途につくのは、いつも夕方の汽車であった。ある日、汽車の窓越しに、はるかの野山を眺め、『闇の醜雲《しこぐも》うち払い」などと天理教宣伝歌をひとり小声で歌っていた。たまたま当時まだ通学生であった明本氏は、歌っていた自分に向かってやさしく、『君は上手だな』と言ってにっこり笑ったのを、今でも記憶している」

◇

京静氏は、私の母校の校歌も作曲された。秋田雨雀《あきたうじゃく》作詞の『黒石中学校校歌』。戦後も日が浅いころとて、講堂も体育館もない。校庭に全校生徒が集い、指導する京静氏は教壇を重ねた台に立ってタクトを振る。動きが活発だから、落ちはしないかと私たちは足下ばかり見ていた。

中学校の同期に、津根子《つねこ》さんという京静氏の姪《めい》がいた。長身の美人。スポーツ万能で、勉強もよくできた。それでいて気さくで笑顔がいい。京静氏が亡くなったとき、「死因は何だったの？」と私は尋ねた。

彼女、「それが、京静おじさんらしいの」と苦笑いして言うには、あるとき、音楽会か講演会かで、大きなステージから懸命に客席へ語りかけ、足下も見ず前へ前へと進み、ステージから転落したのだと。

新聞のコラムは、臨終の様子を次のように伝えている。

……重体の報を聞いて駆けつけた人々に、京静氏は言った。

「肉体は亡《ほろ》んでも、魂は永遠に生きている。思い出の糸は細くても、不滅の祈りを通い合わせて永久に語り合おうではないか」

そのような意味のことを力強く微笑さえ浮かべて語り、静かに目を閉じた、と。

もう一つ、新聞コラムは伝える。明本家の人々は、今も高校野球の時期になれば、天理高校の甲子園出場をとても心待ちにしていると。「見よ、空高く!」、京静さん作詞の校歌が聴ける……。

祈りの旅路

あれは、いつのころだったたか、私どもの教会が主催した「おぢばがえり団参」のなかから希望者を募り、マイクロバスで九州の旅をしたことがある。

大阪港を出発したフェリーは太平洋へ出て、鹿児島県の志布志《しぶし》の港へ着き、そこから私たちは、鹿児島市へと向かった。

途中、大隅《おおすみ》半島の中心地、鹿屋《かのや》市で一回目の見学となった。

鹿児島県には、太平洋戦争で特攻隊が飛び立った二つの基地がある。一つは薩摩《さつま》半島の知覧《ちらん》、もう一カ所がここ鹿屋基地。

その記念館には、南の空へ飛び立って帰らぬ人となった若い荒鷲《あらわし》たち一人ひとりの写真が、掲げられていた。

と、突然、「ウウウウ……」と嗚咽《おえつ》する声が聞こえた。それが耐えきれず「うわーっ」という号泣に変わった。

私の叔父《おじ》だった。母の弟。青森県の弘前市で内科の医院を開業して、結構人気があったのだが、「もう歳《とし》だし」と、あっさり廃業し、その御礼のおぢばがえりであった。

叔父は、戦時中に北海道の函館《はこだて》中学校を卒業してすぐ蒙古《もうこ》へ渡り、そこにある軍医学校へ入学した。詳しい制度は知らないが、おそらく戦場に向けて、速成の医師養成学校だったのだろう。

そして昭和二十年八月、そこで敗戦を迎えたが、全員シベリアへ送られるという情報が入り、彼はひとり脱走して蒙古の砂漠をさまようことになる。

日本人と分かれば拉致《らち》されるか殺されるか。そこで彼は、顔に炭や泥をこすりつけて、気がふれた浮浪者を装って彼《か》の地をさまよい、一年近くして、ようやく日本への引揚船が出る港にたどり着いたのだという。

その間の寝食はどうしたか。詳しいことは知らないが、柔道何段かの猛者《もさ》でもあったから、生存能力は高かったのだろう。

日本へ帰ってきて、あらためて国立大学の医学部に入り直し、しばらくそこの講師などを務めた後、内科医院を開業した。

そのような経緯があるから、私たちの最初の見学地・鹿屋基地で、雲流るる果てに若い命を散らした特攻隊員の遺影を前に、号泣してしまったのであろう。

◇

さて私たちは、鹿屋から桜島を経て、鹿児島市内に一泊した。そこは、江戸時代から明治へと、歴史の大きな転換期に活躍した薩摩藩士の本拠地だ。それは教祖ご在世の時期とピタリと重なる。そうしたことを語り合いながらの、楽しい一夜であった。

翌日、バスは国道三号線を北上した。熊本県の水俣《みなまた》からフェリーで本渡市《ほんど》(現天草《あまくさ》市)へ向かうことになっていたが、水俣といえば、水俣病が大きな社会問題になりつつあるころだった。叔父は医師としての立場から、その公害病について私たち素人にも分かるよう話してくれたが、私たちは被災した患者さんに対して、祈るよりほか何ができただろう。

さて、天草の上島《かみしま》と下島《しもしま》を結ぶ本渡市の周辺には、殉教公園をはじめキリシタンの遺跡や資料館が数多くあった。私たちの一行は、ここでゆったりと時間をとり、自由行動にした。私は叔父と一緒に、定めもなくその辺を歩いていたが、大がかりな墓地改修の場に出くわした。

キリスト教徒の墓。木製の黒く古い十字架が引き抜かれて、そのあたりに散乱していた。ふと気がつくと叔父は、足元に倒れているそれら数々の十字架を前にしゃがんで、ボタボタ涙を流していたのだった。

昨日の特攻記念館といい、今ここに散らばる十字架といい、いつも馬鹿話ばかりしている叔父の、別の一面に襟《えり》を正す思いがした。

その夜、私たち一行は、天草五橋が目の前の松島町《まつしままち》（現上天草市）に泊まった。叔父は相変わらず話が面白く、一同を笑わせていた。

◇

そして九州の旅三日目。その天草五橋を渡り、私たちは熊本城、水前寺《すいぜんじ》公園、阿蘇《あそ》山火口を経て、大分県の竹田《たけた》市に至った。

ここでまた、叔父の沈黙が始まる。

江戸時代になってキリシタン禁教令が発せられ、当時の信者たちは、広さ一〇平方メートル、高さ三・五メートルほどの洞窟《どうくつ》に隠れて礼拝したという。

私たちは、そこから最後の見学地、竹田市の岡城《おかじょう》跡に至った。今は何もない文字通り城跡だけの丘だったが、叔父はひと言も発せず、目にはうっすらと涙を浮かべていたのだった。

秋陣営の　霜の色
鳴きゆく雁《かり》の　数見せて

土井晩翠《どいばんすい》のその詞に、瀧廉太郎《たきれんたろう》が作曲した『荒城の月』。晩翠の詩碑と、廉太郎の像がこの城跡に建つ。

叔父は言った。「もし、これからも九州の旅を計画するなら、またこの町へ連れてきてほしい」。何もない城跡だからこそ、何かを感じるのだろうか。

竹田市を紹介したある本の書き出しに、こんな言葉があった。

「すぐれた人材を生む風土　～竹田で驚かされるのは、人材輩出のすごさである」

◇

医院を廃業して、おぢばへお礼参拝をした叔父にとって、この九州の旅は、まさに「祈りの旅」であったと思える。

話は飛ぶが、このたびの地震による熊本県・大分県の災害は、あのときの最終日のコースと、ほぼ重なる。災害救援ひのきしん隊は、今回も現地救援活動の中核として動いていると聞いて、私たちの励みにもなっている。

それだけに、三代真柱様から、事あるたびに災救隊に賜ったお言葉が忘れられない。「いざ災害となれば、積極的に、誠心誠意その任務にあたるのは当然のことながら、それにもまして大事なのは、災害という姿を見せていただかなくてもいいような、私たちの日々の通り方である」と。

私は、そのお言葉を理解していたつもりであったが、そうではなかったと気がつく。その本当に深い意味を悟るには、叔父と一緒に旅した、あのときの記憶を呼び起こしてみることが必要だと、いまさらのように思うのである。

第三章

五十年ひと昔

桃栗三年柿八年

正月だから、少々景気の良い（？）話から始める。

晩秋のある日、一個の宅配便が到来した。数カ月前に初めてお会いした、ある教会の奥様からだった。仙台名物・笹《ささ》カマボコの極上品に、毛筆の手紙が添えられていた。恐縮するような文面であった。

その日の夕方、今度は達筆の葉書が届いた。まだお会いしたことのない教会長さんからだが、月次祭に合わせて富有柿《ふゆうがき》を送るとあった。翌日到来したその柿は、形といい色艶《つや》といい、まさに芸術作品。

しばし見入っていると、そこへ「カキが届きました」と息子の嫁さん。「えっ、柿ならここにあるよ」と言ったら「いいえ、海のカキです」。一斗缶《いっとかん》にぎっしりの牡蠣《かき》が、瀬戸内海の香りを漂わせていた。

お歳暮の時期でもないのに到来物がこんなに重なることなど、めったにない。「お盆と正月が一緒に来たようだね」と彼女に言ったが、通じたかどうか。

送ってくださった皆さまのご厚意が何ともありがたかった。そして、贈り物には書状を添えるという昔なら当然のことが、いまや電話やメールにとってかわり、うっかりすると単に物と物との交換に終始しがちな今日、丁寧な手紙や葉書がうれしさをいっそう増してくれた。

◇

さてその翌朝、偶然目にしたテレビのニュース。岡山県のある地方で、牡蠣の養殖筏《いかだ》に用いていた古くなった竹の始末に困っていた。が、このたび、それから竹炭を作る技術を開発したと。

こちら、もの作りにはまったく不案内だが、それでもリンゴの生産量日本一の津軽に住んでいれば、少しは生産者の工夫苦労も察しがつくのである。海の幸・山の幸、食品文化をここまで高めてきた積み重ねの歴史を考えれば、作る人たちに頭が下がる。

だが一方で、売れることを至上目的にしたもの作りのあり方には、苦言を呈する人も少なくない。

ご存じ、東中央大教会《ひがしちゅうおう》の柏木大安《かしわぎひろやす》先生は、農学博士で土壌学がご専門と記憶しているが、いつか先生が津軽地方へ来られてリンゴの話になったとき、「最近のリンゴは堕落している」と一喝された。見栄えや甘みだけを重視して、リンゴ特有の風味や香りが失われてしまったと。

「でも、そうでなければ売れません」と申し上げると、「目の前の利益だけに目がくらんでいると、そのうち足をすくわれますよ」と。

◇

二代真柱様の随筆集『柿』に、「栗」という小品があり、その一節に、

「……梨《なし》や、桃や、柿等が人工栽培よろしく、年々その姿を華美にして行くに反して、独り栗のみ、如何《いか》なる力にも染《そ》まず……」

とある。

この文が『中外日報』に掲載されたのは昭和十二年十月十五日、今から数えて七十

年以上も昔である。そのころからすでに華美に流れる人工栽培に警告を発しておられたわけだが、その三カ月前の七月七日に日中戦争が始まっている。国をあげて戦争突入を良しとする風潮に抗して、「独り栗のみ、如何なる力にも染まず」とは、常なるもの、真実のものを見失うな、という切なる警告ではなかったか。

「栗」からもう少し引用させていただく。

「『……さるにても丹波《たんば》栗、柴《しば》栗等の内地栗に交《まじ》りて、支那《しな》渡来の木も有之候《これありそうろう》が何《いず》れも亦《また》、我が日本の大地に根ざして実りしものなるを思ふとき……』と彼地《かのち》に特派されてゐる友人にたより致しました。実際、うちの庭では仲よく実つてゐるのであります。がしかし入乱《いりみだ》れて大地に転がつてゐる状《さま》を見ます時、アア、自然の平和の中に戦場の幻影を見るのであります」

そして最後は、こう結んでおられる。

「『お父ちゃん、(栗の)木を揺《ゆす》つてよ』と(子供は)強請《せが》みます。一揺りで生々《いきいき》としたものがバラ〳〵落ちて来るのを覚えたからです。が栗の庭と戦の場とを思ふとき、如何に子供が強請んでも、無理に木を揺ることはどうしても出来ません」

◇

この随筆集『柿』が発行されたのは、昭和十六年十月二十六日である。日米開戦のほぼ一カ月前である。

このたび、頂戴《ちょうだい》した富有柿から、この本を思い出し、あらためて読み直し、風雲急を告げたあの時代に、だからこそ時流に流されず、変わってはならぬものをしっかりと見つめておられた二代真柱様の辛《つら》いお心をうかがい知るのである。そうでなかったら、終戦後直ちに「教祖へ帰ろう」と「復元」を提唱することなど、どうしてできよう。

戦後六十五年、いま日本はありがたくも戦争の危機こそないが、なにか世界が音を立てて変わってゆく予感がする。世界一れつの陽気ぐらしを念願する私たちは、時の動きに無神経であってはならないが、それだけに変わってはならぬものを絶えず求め続けなければ、激流に翻弄《ほんろう》されて方向を見失うだろう。

柿は、さまざまなことを語ってくれる。「桃栗三年柿八年」、続けて「枇杷《びわ》は九年でなりかねる、梅は酸《す》い酸い十三年」ともいう。
気を長くということか、と思っていたら今朝の新聞でこんな句に出合った。

まだ生きているぞ賀状の面構え　蔵巨水《くらこすい》

年を重ねることが楽しくなった。

五十年ひと昔

奈良県に住む教会長のM氏から分厚い郵便が到来した。

一月号のこの欄に私は「桃栗三年柿八年」と題して二代真柱様の随筆を引用させていただいたが、それを読んだある青年さんが「二代真柱様のお心にふれる思いで感動しました」とM氏に語ったという。

それは『大和《やまと》　わがふるさとの…』というご著書に収められていると聞き、天理図書館へ行ったところ、限定版とかで貸し出しを断られた。そこで彼はM氏所蔵のその本を全頁《ページ》コピーさせてくださいと懇願し、M氏はそれなら井筒クンへもと、一冊分百四十九頁のコピーを頂戴《ちょうだい》したのである。

じつはこの本、私の手元に二冊あった。ちょうど五十年前の昭和三十五年、中外書房から出た。二百五十円也《なり》。週刊誌が三十円のころとて高いと思ったが、書名にひかれて買った。もう一冊の記憶はない。

さて私は困った。わざわざコピーを送ってくださったM氏に「その本はウチに二冊あります」と言えば、ご厚意に水をさす。さりとて「貴重なコピー、ありがたく」ではしらじらしい。

だがしかし、このたびM氏のおかげでこの本を再読する機会を得、これはぜひお礼を申し上げなければ、と思ったのである。

◇

コピーした青年さんは戸惑ったに違いない。彼が感動したであろう部分がこの本にはない。それは次のような内容だ。

「内地産の栗に交じって支那渡来の栗も日本の大地に実っている。その栗の庭と戦の場とを思いあわせるとき、いかに子供から木を揺すって実を落としてとせがまれても、その気になれない」

この行《くだり》が削除されているのには理由がある。二代真柱様がこの文を発表されたのは日中戦争が始まって三カ月後、随筆集『柿』に収められて出版されたのは日米開戦の直前だった。そんな時期に右のような文章を発表されたのだから、その信念と勇気に敬服するのである。一方、『大和』の発行は戦後十五年も経《た》ってからだ。けれどもまた、二代真柱様の勇気と優しさの拠《よ》ってくるところが『大和　わがふるさとの…』にはよく表れていると思う。

「私は父の四十才の時の子供であります。明治三十八年四月二十二日の日記に『今夜三時三拾《十》分頃《ごろ》男子出生す』と簡単に片づけられている……が、その時は膝《ひざ》をたたいて、『出来よった』とよろこんでくれたそうであります。……九年八カ月間父と共に暮《くら》したわけでありますが、……父の道の上での苦労努力や物事の考え方を私に伝えてくれましたのは、母がその第一人者であります。……役員や親族の人びとが語る偶像的な、また憧憬《しょうけい》の対象としての父ではなく、もっと赤裸々な姿を教えてくれました。人間として求道に努力していた父の姿を教えてくれました。……何かの問題に当《あた》って動けなくなった私の心が、同じ思いに苦しみながら処理された父のひながたによって指導されたことも一再に止《とどま》りません」

と。

◇

ところでこの本が出た昭和三十五年は、日米安全保障条約改定の年だった。連日「安保ハンタイ」のデモが議事堂を取り巻き、六月十五日にはついに全学連が国会に突入し、東大生の樺美智子《かんばみちこ》さんが亡くなった。

時効で安保改定は成ったが、時の岸《きし》政権は倒れて池田《いけだ》内閣が誕生し、その年の暮れ、政府は「所得倍増計画」を発表した。

五十年ひと昔。その後わが国は、世界有数の技術大国、経済大国として成長したが、近年綻《ほころ》びもまた見えはじめ、その意味で先般トヨタ自動車の社長がアメリカ議会の公聴会に呼ばれ、「業務内容の拡大と成長のスピードに、人や組織が追いつけなかった」と述懐したのは象徴的な出来事であった。

◇

二代真柱様はこの本の中で、原爆禁止の署名を求められて断った理由を次のように述べておられる。

「結局こうした平和の問題にしても、私の宗教家としての立場から申しますと、人間一人一人の心の中を問題にすべき筈《はず》のものであるからです。……現代の複雑怪奇な政治的混乱のただ中にあっては、人間の心の浄化などでどうして解決など出来るだろうか、というような性急さには何か人間不信に根ざす恐怖心を私共は認めるのです」

また、

「物質的満足が決して人間の幸福につながらないということは今さら言う必要もないことです」

ともおっしゃる。そして、科学が高度に進歩すれば宗教はすたるであろうという放送記者の問いに、

「宗教における形式や内容は変《かわ》るかもしれない。私共が着ているこのハッピも脱ぐ時が来るであろう。この巨大な教会建築が朽ち倒れても、その時はもう、再建する意味を失っているかも知れません。しかし宗教そのものは、信仰というものは、すたることがないであろう」

と。

教団の頂点にある立場として、有為転変の世にもなお変わらぬものをしっかりと見つめて、しかもこの柔軟性。人間の心を問題にすべき宗教家にとって繊細な感性は必須のものだろうが、それだけに一部教団の頑迷さには辟易《へきえき》なさったご様子がこの本からうかがわれ、興味深かった。

二代真柱様がハワイでカトリックの聖職者とこんな会話を交わした、とある。

「汝《なんじ》は一体如何《いか》なる宗教を信じているか」

「天理教や」

「それはプロテスタントの一種か」

「違う」

「おう、それでは汝はまだ救われる」

この調子では、一五一七年にドイツに始まった宗教改革が、もう一度、繰り返されるかもしれない。まさに五百年ひと昔。

松下幸之助氏と天理教

今年は大正十二年の関東大震災から八十八年目。その前後の状況は今日とよく似ているという。大災害、続く短命内閣、世界的な経済危機、きびしい就職難……。

だが、お道はそのころ、教勢倍加を成し遂げ、「人類更生」の旗印のもと、教祖殿・南礼拝場のいわゆる昭和普請、別科生の激増など、活気がみなぎっていた。

当時のことをもっと知りたいと思い本屋を漁《あさ》っていたら、『戦前昭和の社会』（講談社現代新書）という本が目についた。著者は、さる大学の法学部教授、日本政治外交史専攻の法学博士とある。

読み進むうちに「あれっ」と思った。松下《まつした》電器の『社史』を引用しこう書いている。

松下幸之助《こうのすけ》氏は「知人の勧めで、ある宗教団体の本部を見学したが、信者たちの熱のこもった真剣さ、教祖殿の建築や製材作業の奉仕に喜びに満ちて働いている姿に感動し、その盛んな姿の中に優れた経営のモデルを見た」と。

　そこまではいい。だが続けて言うには、「社史の記述、年代、場所などからこの宗教は、ひとのみち教と推測できる」と。

◇

　驚いた。その推測はどんな根拠に基づくのか。このとき松下幸之助氏は、天理教の本部へ来られたのである。

　そのことを私は若いころ『プレジデント』という雑誌で知った。

　松下氏は、神殿で参拝者の靴を磨いていた若者に尋ねた。

「君はここでいくら給料を貰《もら》っているの?」

「いえ、私たちは給料どころか、ここへ来る旅費も滞在費も全部自分で出して参ります」

　そんな馬鹿なことがあるか、と氏は思った。きっと天理教の本部では尋ねられたらそう答えよと言いつけているのに違いない。そこでわざとあちこちで同じ問いを発したが、返ってくる答えはみな同じ。感謝報恩ひのきしん。

「あら、その話なら、松下さんから直接聴いたわよ」と言ったのは私の妹である。夏休み、おぢばの「道の教職員の集い」で聴いたという。まさかと思い、長年この集いのお世話をしておられた中島道治《なかしまみちはる》氏に尋ねたら、松下氏のことを本部員の松井石根《いわね》先生がお話しされたのだと、その講演が掲載されている『なるほどのひと』（第40号）を送ってくださった。

松井先生は、福田和也《ふくだかずや》氏の著書『滴《しずく》みちる刻《とき》きたれば』（PHP研究所）を紹介し、「天理教がなければ今日の松下は無かった。それほど松下さんは天理から大きなものをつかんで帰った」とおっしゃる。

『同行二人《どうぎょうににん》　松下幸之助と歩む旅』（PHP研究所）を著した中央大学客員教授の北康利《きたやすとし》氏は、「松下氏の感動を追体験すべく二月の寒風吹きすさぶ日」にわざわざ天理を訪れ、PHP総合研究所の紹介で天理大学の住原則也《すみはらのりや》教授にその足跡を案内してもらっている。

松下政経塾出身の秋葉賢也《あきばけんや》氏は、『松下幸之助「最後の言葉」』（角川新書）という本のなかで「松下氏が天理教の本山を見学した際のエピソードは有名だ」と書き、高市《たかいち》早苗《さなえ》さんは同じ政経塾の体験から、「松下幸之助さんは、天理で学ばせていただきなさいとのことで、一年生のとき天理にお邪魔して……」と語る（前出『なるほどのひと』）。

◇

活字は残る。松下氏が訪れたのはどこの教団か。正確な理解をしないと松下氏の思想内容にも影響する。そこで念のため、氏の足跡を、その著書『私の行き方考え方』をもとに辿《たど》ってみよう。

昭和七年三月上旬ころ、松下氏は取引先のU氏に誘われて「某教の本部」を訪れる。驚いた。大きな神殿、掃除が行き届いてチリ一つ落ちていない清浄な雰囲気。教祖殿は建築のさなかだったが、現場で作業している多くの人たちはみな奉仕の信者で、生き生きと喜びにあふれて仕事に取り組んでいた。山の中腹にある教祖墓地にも参拝したが、会う人会う人みな敬虔《けいけん》な態度。

午後は中学校、専門学校、図書館を巡覧したが、ことに図書館は最近の建築になるもので、その充実ぶりに大いに感嘆した。また、希望者が教理を学ぶ教校も参観した。

年に二回卒業生を出すというが、多いときは一期七千人にも及ぶという。

そして最後は製材所を見た。（現在の北陸《ほくりく》詰所あたりにそれはあったが）この大きな建設事業が奉仕の人々によって進められていて、またそれがことごとく献木によると聞き、深く感じるものがあった。

松下氏は帰りの列車の中でも、夜、床の中でも考えた。宗教は人を救うという強い信念でやっている。産業人の使命もまた単にその企業だけの繁栄ではなく、社会全体を豊かにすることこそが目的ではないか。その意味においてのみ、その企業が繁栄していくことが許される。

松下氏はそう悟り、自らの使命を自覚し、この年を「命知《めいち》元年」と名付けた。そして新しい門出をする決意をもって同年五月五日、第一回創業記念式典を挙行する。

◇

「どうも松下さんの会社のあの家族主義的なものは親里という思想から出てくると思います」と松井石根先生はおっしゃる。

なるほどと思う。『文藝春秋』（平成23年9月号）に、松下氏の手紙が紹介されている。戦後のインフレや厳しい経済統制で会社が膨大な借金を負い深刻な資金難に陥って、給与の分割払いを余儀なくされた昭和二十三年の暮れ、全社員に宛《あ》てた手紙である。率直に窮状を述べ、しかし少しも卑屈にならず泣き言や弁解もなく、堂々と気持ちを吐露しておられる。社員を家族同様に思っているからこそ書ける手紙であったろう。

それにしても言葉は怖い。

私の妹のカン違いは笑い話で済むが、本は一行でも怪しい個所があれば、それ以上読む気がしなくなる。

そして言葉は、中身が伴ってこそ生きてくる。松下氏の心を動かしたのは、「生き生きと喜びにあふれて」ひのきしんに励むたくさんの人の笑顔ではなかったか。

前真柱様から教えていただいたこと

前真柱様がお出直しになられました。僭越《せんえつ》ながら、その八十余年のご生涯に思いを馳《は》せ、学んだことを書かせていただきます。

◇

中山善衛《なかやまぜんえ》三代真柱様は、昭和七（一九三二）年のお生まれであるが、その二年前の昭和五年、やがて迎える教祖五十年祭・立教百年祭に向けての「諭達第五号」が公布された。目指すは「人類更生」。

翌六年、神殿・教祖殿の建築計画が発表され、いわゆる昭和普請が始動する。

そして昭和七年、年表式にその一端を列挙すると……。

三月　ひのきしん団参、この月十万人

五月十八日　全国一斉ひのきしんデー始まる
七月七日　中山善衞様ご誕生
八月十八日　全国一斉路傍講演デー始まる
十一月　天理教青年会々歌制定
次いで昭和八年十月には、早くも教祖殿新築落成奉告祭が執行された。意気は上がる。翌昭和九年九月の教校別科入学者数が一万二千九百五十七人の新記録。十月には神殿改築・南礼拝場増築落成奉告祭が。
そして待望の教祖五十年祭は、昭和十一年一月二十六日から三回にわたって執り行われ、帰参者は百万人を超えた。

◇

このように善衞様ご誕生前後のお道は、まことに活気ある動きが見られたが、社会にあっては、それと逆の動向があった。

まず不況、就職難。『大学は出たけれど』という映画が評判になり、東北・北海道では毎年のように冷害不作が続き、昭和五年、自殺者が一万三千九百四十二人に上った。

昭和六年、満州《まんしゅう》事変。

そして善衞様ご誕生の昭和七年には、海軍青年将校らが犬養《いぬかい》首相を射殺する（五・一五事件）。

昭和八年、国際連盟は日本に対して満州からの撤退を勧告するが、日本はそれを拒否して国際連盟を脱退。

それと前後して大災害が続く。国際連盟脱退の三月、三陸《さんりく》地方を大地震と津波が襲い、死者約三千人。翌九年三月には、函館市大火。焼失家屋二万四千百八十六戸、死者・行方不明者二千七百十六人。さらに同年九月、関西地方を室戸《むろと》台風が襲い、死者・行方不明者三千三十六人。

そして昭和十一年、教祖五十年祭の直後、皇道派青年将校らが千四百余人の部隊を率いて挙兵し政府要人らを殺害（二・二六事件）。

そして翌十二年七月七日、ついに日本は中国との本格的戦争に突入する。

◇

昭和十三年、それは善衞様が天理小学校に入学される一年前、政府は「国家総動員法」を制定して、国内のすべての分野に統制を加えてきた。

以後、日米開戦を経て昭和二十年の敗戦に至るまで、歴史の大きな転換期にあって、天理教という教団を守り抜かねばならない正善真柱様のご苦労は、いかばかりか。

終戦後直ちに、正善真柱様は「教祖に帰ろう」と「復元」を提唱され、おつとめの在り方を元に戻し、教義を整え直し、機構の整備に着手されたが、父上のその息づかいは、身近におられた中学生の善衞様にもよく伝わっていたことであろう。

敗戦から十年を経た昭和三十年春、善衞様は慶應義塾《けいおうぎじゅく》大学を卒業された。その年の秋の大祭、教祖七十年祭を翌年に控えて「別席場使い初めの儀」が執り行われた。おやさとやかた東の五棟が甍《いらか》をそろえ、その下に並ぶ長蛇の列。この日一日で、別席者一万二千三百三十二人という新記録をつくった。

◇

教祖八十年祭には、善衞様がたすけ委員長として教会を巡教された。以来、今日まで二千カ所以上の教会をお回りになられたと聞く。「教会内容の充実」ということを、いつも心にかけておられた。

真柱の理を継承されたのは、昭和四十二年、高度経済成長の上り坂の時期であった。教会の建物も設備も次第に整ってきた。それはそれでありがたいことであるが、何事につけ「形のふしんに先行する心のふしん」を強調された。それなくして、教会内容の充実はあり得ない。

時代の変化とともに、さまざまな価値観が錯綜《さくそう》し、若い人たちからは「教理の現代的展開」ということが言われた。

しかし、そうであればあるほど、「教祖に帰る」ことが大切になる。だがそれは、口で言うほど簡単ではない。教祖と私たちを結ぶパイプは何か。

それについて教えられたことがある。

いつか私は、ひとり真柱様のお宅へ伺った。用件を済ましての帰りぎわ、まさ奥様とお二人、わざわざ出口まで立ってこられて「ありがとうございました」と、丁寧にごあいさつを下さった。恐縮してしまった。

それにしても、あのお部屋、冬は寒いだろうな。お宅の、波打った廊下を歩きながら思った。この質素で謙虚なご日常、それが教祖のお声が聞こえてくるパイプなのだろう、と。

最後にお目にかかったのは、ある空港のロビーだった。「あの問題、どうなった？」と問われた。それは私が教区長をしていたときの、ある教会の事情であった。だがそれは、まず大教会として解決すべき問題で、教区長が口を出したら、かえってややこしくなる。そう申し上げようとして、ハッと口をつぐんだ。「親とすれば、どの子が病んでも、みな辛《つら》い」。そう気がついたのである。親の哀《かな》しみが分からずして、信仰を語れない。

◇

前真柱様、わが家には一枚の魔法の写真があります。どんな低気圧の日も、それを見ているとお天気になります。それは、前真柱様が、大教会の何かのお祝いのとき、私の家内とデュエットしてくださった写真です。『瀬戸の花嫁』の絶唱でした。

お出直しと聞いて、家内は涙ぐみました。「先々の私たちにも、よくお心をかけてくださって」と。感謝の言葉しかありません。

立教の日に

十月二十六日、立教の元一日。

「我は元の神・実の神である。この屋敷にいんねんあり。このたび、世界一れつをたすけるために天降《あまくだ》った」

中山家では、秀司《しゅうじ》様の足の患い、夫善兵衛《ぜんべえ》様の目、みき様ご自身の腰の患いから寄《よせ》加持《かじ》をしたはずなのに、神の思惑は中山家のみのことではなかった。「世界一れつをたすけるために……」

毎年十月、一人でするひそかな楽しみ（?）がある。立教前後の様子に思いをめぐらすのである。たとえば昨年は、私の住む津軽地方の天保の飢饉《ききん》を知ろうと思った。

当時の記録によれば、食べ物を求めて津軽地方から秋田領へ入り込もうとした飢民も多かったが、ほとんど途中で餓死したという。たとえ秋田領へ逃れたとしても、秋田も食糧がない。お粥《かゆ》とわずかの路銀を支給され土崎《つちざき》の港から船で送り返されたと。

北海道へ逃れる者もいた。

「津軽の漁船船頭某なる者は、天保七年、飢民らに依頼され、七、八歳より十三、四歳までの児童およそ四十人を伴って海を渡り、同地方（北海道江差町《えさしちょう》）の資力ある者に一人ずつ委託して命を助けた」（『新釈青森県史』東奥日報社）という。

だが、飢饉に苦しんだのは、なにも農村だけではない。凶作は米価の急騰《きゅうとう》を招き、都市の住民もあえいだ。

◇

立教前年の天保八年、元大坂町奉行所与力の大塩平八郎《おおしおへいはちろう》が蜂起した。陽明学者でもあった平八郎は、災害や飢饉は悪政に対する天の警鐘と考えていた。打ち続く飢饉の窮状をよそに保身を図る町奉行や、便乗して暴利をむさぼる豪商を許せなかったのである。

私は、立教の当時を思い浮かべるとき、去来するお歌がある。

月日よりにち〳〵心せきこめど
そばの心にわかりないので（十三 100）
せきこみもなにの事やとをもうかな
りゆけつくれば水がほしかろ（十三 101）

真夏、日照りが続き、ぐったりしおれる農作物。水がほしかろう。それはまた百姓にとっても生死にかかわることであった。

「貧に落ち切らねば、難儀なる者の味が分からん」（『稿本天理教教祖伝逸話篇』四「一粒万倍にして返す」）

「低い所へ落ち込め、落ち込め。表門構え玄関造りでは救《たす》けられん」（同五「流れる水も同じこと」）

世界一れつをたすけるために、という立教の精神は、まず、苦しむ人々への共感に始まると言えるだろう。

◇

立教後も世の混乱は続いた。

まず、善兵衛様お出直しの嘉永《かえい》六年に始まった黒船来航から開国に至る出来事。

また、その翌年、翌々年と三度にわたる安政の巨大地震。毎年のような天候不順。

そして、長年の封建社会から明治という近代社会に生まれ変わる陣痛の苦しみ。

しかし、教祖が十二下りのお歌をご教示くださったのが慶応三年、明治に変わるその前年だが、この歴史の大転換期にあって、あの明るい歌の調べはどうだろう。

一下り目には、人間の生存にとって何よりも欠かせない立毛《りゅうけ》作物の保証が。

二下り目には、世直り、所の治まり。さらに病の根を切ろう……と。

生きるための基本的三要件、食と健康と平和。それが「みかぐらうた」のリズムに乗って、実に陽気に歌われる。現実には、不作と争いと悪疫の流行。わけても開国以来のコレラなどは恐怖だったのに。

それに関連して感じ入ったことがある。教祖が「おつとめ」を教えられたそのころからヨーロッパでは細菌学の目覚ましい発展があった。一例だが、教祖が「おふでさき」ご執筆を終えられた明治十五年には結核菌が、翌十六年にはコレラ菌が発見され、その後、多くの感染症が克服されてゆく。

◇

わが国の場合、問題は結核だった。これが急激に広まり国民病といわれるようになったのは、明治三十年代以降の、日本の産業革命に関係があるという。

当時、農商務省嘱託《しょくたく》だった石原修《いしはらおさむ》医師の調査によれば、明治の終わりごろ、日本の私立工場で働く女子労働者は五十万人。そのなかの三十五万人は、農漁村から前借《ぜんしゃく》で集められた娘たちで、多くは紡績工場の女工さん。ある寄宿舎では一人に与えられた畳数が一畳。当時の紡績工場は十二時間制の昼夜二交代だから、寝具は二人で一組ですむ。

そうした環境だから、結核が発生するとたちまち蔓延《まんえん》し、罹患《りかん》した娘は故郷へ帰されるが、その数およそ年間五千人。結核菌はたちまち全国に蔓延した。

そのせいか、大正から昭和にかけて徴兵検査の不合格者が増加し、合格しても肋膜《ろくまく》炎や肺結核で除隊となる若者が多数出た。

◇

その状況は、お道にもすぐ反映したように思える。大正十二年九月、関東大震災直後の別科入学者は四千人を突破。教室が足りず、二部授業となる。

その約十年後、昭和八年九月の別科入学者は七千五百人余り、同九年九月にはついに一万二千人を大幅に超えた。

別科生のなかにも結核患者が少なからずいて、翌十年に「よろづ相談所」が開設され、やがて特設修養科が誕生する。

身上事情は道の花というが、お道にかぎらず身上は信仰の深まりや人間としての成長に大切な意味を持つ。結核でコンコンせき込みながら教会で青年づとめをしていた若者が、やがて優れたおたすけ人として巣立っていった例は多々ある。

幕末から明治にかけての激動、動乱の世に、あの陽気な勇みの「みかぐらうた」がつくられた意味を考えてみる。

「もし病人のいない国があるとしたら、私はそんな国には住みたくない」

何かで読んだある医学者の言葉である。

災救隊誕生のころ

さる四月十四日の夜に始まった熊本・大分地方の大地震。被災された方々や、今も不安に包まれてそこに住んでおられる皆さまの胸中に思いを致すなかに、「天理教災害救援ひのきしん隊」創設当時の記憶がよみがえる。

今年二月、道友社から出版された『ビジュアル年表　天理教の百三十年』は、道の歩みを辿《たど》るのに、まことに便利である。

それによると、教祖が現身《うつしみ》をおかくしになられて以後、天理教として初の災害ひのきしん出動は、明治二十四年、教祖五年祭執行の年であった。要点を記すと、

「10月28日　岐阜・愛知県一帯に濃尾《のうび》大地震。全壊焼失14万戸超、死者7千人余」

「11月1日　本部より慰問使を派遣」

「12月14日　和歌山の南海《なんかい》支教会が名古屋方面に30数人を派遣。ここから、のちの東《とう》愛《あい》大教会が始まる」

以後、これを含めて、昭和四十六年の天理教災害救援ひのきしん隊結成の打ち出しまでに、関東大震災をはじめ十二件の出動が記載されている。

◇

さて、今から五十年以前の昭和四十一年に教祖八十年祭が執行され、参拝者は二百万人といわれた。同年四月一日には「憩《いこい》の家」が開所し、まさにこれからという時、翌四十二年十一月十四日、二代真柱様が急逝されたのであった。

人々みな驚き悲しむなか、真柱継承者・中山善衞様は直ちにその理を継承され、翌四十三年十月二十五日、真柱継承奉告祭が執り行われた。

ちょうどその継承奉告祭のひと月前、青年会本部は委員更迭の時期にあたり、当時青森教区青年会の委員長であった私もその末席に加えていただくことになった。

そのころのわが国は、高度経済成長路線をまっしぐら。東海道新幹線が開通し、東京オリンピックも無事に終わり、目の前には東名高速道路の全線開通と大阪万博が迫っていた。

一方、社会問題も山積していた。大都市への人口集中と、地方の過疎化。学生運動が過激化し、武装リンチ殺人やハイジャック事件まで起きた。そして多発多様化する公害問題……。

そのような社会状況の中で、天理教青年会の活動方針は、「若い力を結集し、広く世界に働きかけよう」と決まった。

そして私の所属する地域組織部の任務は、「地域活動の充実強化！」。

いったいどこから、どう手をつければいいのか。あるとき、ポツンと一人で思いあぐねていたら、板倉知雄《いたくらともお》委員長が部屋へ入ってきて、「これを読んでごらん」と、一通の手紙を渡してくださった。鹿児島に住む青年会員からのものだった。

「先般、鹿児島市内が集中豪雨に襲われました。さまざまな救援活動の中に、宗教関係の出動もありました。しかし天理教の私たちは出動できませんでした。自分の所の始末に追われ、手が回らなかったのです。〈ひのきしんの天理教〉と自負しながら情けなく、淋《さび》しい思いをしました」

その気持ち、私にもよく分かった。

「だが、待てよ。災害が発生すれば、どこでも自分の所の始末だけで精いっぱいになる。しかし近隣の教区からの応援出動はできるはずだ。全教区にそのような救援組織ができて、たすけ合いをしたら……」

さっそく青年会の会議にかけたら、みな賛成してくれた。だが、そこでもまた私の了見の狭さが露出した。

私の発想は、たとえば鹿児島の水害に、熊本や宮崎から出動して、被災地の教友の家庭や施設の救援をする。そうしたらお道の信仰者は喜び、誇りに思い、他宗教の人は「天理教はすごい」とうらやむだろう。

そう発言したら、みな一斉に私の顔を見た。「お前、それでも天理教の信仰者か」という表情で……。誰かが言った。

「自分の所は後回しでも、まずは人さまの所を、というのがお道の精神でないのか」

ガツーンと頭を殴られる思いがした。

◇

さて、いざ「災害救援ひのきしん隊」を結成するとなれば、専門的な作業知識や技術だけでなく、規律、士気、安全管理、土地の人々への応対、その他あらゆる面で信仰者としての質が問われる。

けれども、そこはお道のありがたさ。長年培われた「おやさとふしん青年会ひのきしん隊」というモデルがある。それを手本に、災害救援ひのきしん隊の基本理念や形態が整えられていった。

しかし、結成は無理して急がず、各教区の実情に合わせて、と申し合わせた。

『天理教の百三十年』には、

「昭和46年8月27日　災害救援ひのきしん隊教区指導者合宿訓練開催。この後、教区隊の結成式が続く。各地で有事即応態勢整える」

と記されている。

私の記憶では、全教で最も早く教区隊を結成したのは愛知教区だった。「さすが」と田邊敬善《たなべけいぜん》教区隊長に言ったら、「愛知教区はこれまで、ずいぶん皆さんのお世話になってきましたからね……」。

◇

結成が最も遅かったのは、たしか岩手教区ではなかったか。しかしそれは、決して認識不足や怠慢からではない。

岩手県は、五年前の東日本大震災以前にも、明治二十九年、昭和八年と二度も大震災に見舞われている。そうした歴史もあり、今までも毎年、県をあげて防災訓練を実施していた。岩手教区婦人会は、そんなとき最も頼りになる婦人団体の一つだという。

以下、岩手教区で私が直接聞いた話。

「3・11のあの時、岩手県内には一般販売用のガソリンが全然なくて、路線バスさえも走れなかった。本当に緊急の公用と県当局が認めた場合に限り、給油許可証が交付されました。天理教さん、何枚ほしいですか？　と問われ、十枚と言ったら、十枚そのまま交付してくれました。やはり、いざとなれば、平素の信用が第一ですね……」

第四章
夜空に星が輝いて

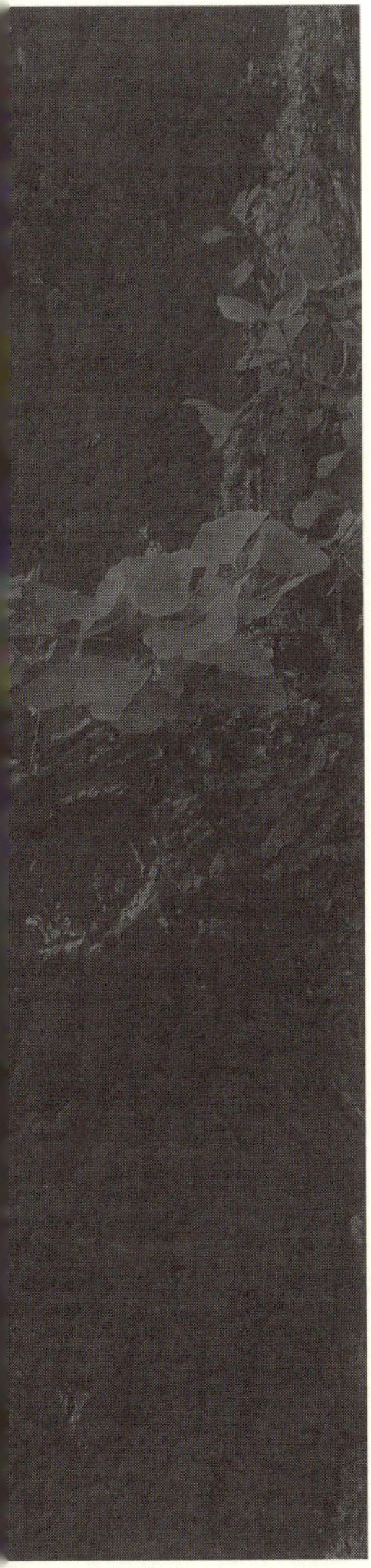

おじいちゃんの賞味期限

門松は冥土《めいど》の旅の一里塚
　めでたくもあり　めでたくもなし
ご存じ、一休《いっきゅう》禅師の歌である。
今日では冥土の旅よりも、病んだりボケたりを恐れるお年寄りも多いだろう。「あまり長生きしなくても、時が来たらコロッと逝《ゆ》きたい」と。経済的な不安で先行き真っ暗な人も少なくあるまい。今どき冥土への旅も複雑なのである。

◇

年を経ることによって危ういのは老後ばかりではない。最近、老舗《しにせ》の料亭や食品関係の企業に不祥事が相次いでいる。その多くが看板の偽りである。

もっとも消費期限の問題は、私は法律にも欠陥があると思っている。例えばラベルを張り替えた「赤福」を食べて体調をくずした人がいただろうか。食品の管理が厳重でなければならないのは当然だとしても、まだ使える材料をみすみす大量に捨てなければならないことの無駄をなんとする。

食べ残した食物を　期限切れ食品を
毎日　山のように捨てている国と
食べられずに死んで行く国と
地球は抱えて　今日も回転している

産経新聞の「朝の詩《うた》」に紹介されたこの詩を、子供たちにも聞かせてやりたい。

だが、豚肉を牛肉と偽ったり、産地をごまかしたりは、それと別問題である。

かつて花森安治《はなもりやすじ》氏編集の『暮《くら》しの手帖《てちょう》』に、料亭「吉兆《きっちょう》」の創業者・湯木貞一《ゆきていいち》氏の「吉兆つれづればなし」が連載された。食材の持ち味をとことん生かし、お客さんの身になって調理する。とくに見えない所に細心の神経を配るその心意気に感嘆した記憶がある。

暖簾《のれん》分けしてもらった子息たちは、きっと誇りをもって初代の精神を受け継いだことだろう。だが時は流れ、いつしか親の名声のうえに安住して謙虚さを失い、初代が生涯かけて打ち込んだ心の杭《くい》を流してしまったのではないか。次々と発覚する偽りの仕業をみな部下のせいにするトップの態度に、これは商売以前の問題だと、冥土の初代さんの悲しみを思った。

◇

時間は物事を風化させる。今日では、とみにそのスピードが速い。教会でも一般家庭でも他人事《ひとごと》ではない。よほど気をつけて通らないと大切なものを見失ってしまう。いや、そもそも心の杭など持ち合わせていない家庭も今どき多いのである。

二年前、私は大病をした。生還して心に誓ったのは、生死の沙汰《さた》は一切、親神様に委《ゆだ》ねるとして、せめて後に続く子や孫に、失ってはならぬ大切なものを伝えておこうということだった。先人の足跡、私自身がそれによって支えられ、方向を示してもらった精神的な支柱、いわばわが家の信仰の原点を、あらためて求め直し、次の世代に伝えておきたい。そう思ったのである。

だがそれには手立てが要る。言葉だけではなく、じかに感性に訴える何かがほしい。私の父が大事に保存しておいた旧制中学校時代の教科書やノートが思い浮かんだ。ノートは最後の一ページまで丁寧に使いきり、チラシの裏に書き込んだメモの束まで残っている。何しろ教会の草分けのころである。授業料を何カ月も滞納して、「おまえ、映画など観《み》て使い込んだのだろう」と教師に詰問されたと手記は語っている。私も授業料を滞納して掲示板に名前を張り出されたとき、早世した父のそのことを思い出し、大いに元気づけられた覚えがある。それらの遺品を切り口にして、まずは父の手記をまとめることから始めよう。

◇

と、そんな計画を妻に話した。

「大事なことだけれど、どうかしら」

また始まった、という表情で妻は言った。

「だって当時とは世の中も教会もまったく様子が変わっているのよ。孫たちはどこか遠い国のお話のように聞いてしまうわ」

「それでも聞かせておかねばならない」

「あなたのように、そんな難しい顔をして話したら、孫でなくても逃げ出したくなるわ。それにあなた、すぐ怒るでしょう」

痛いところを突いてくる。じつは私の老年の理想像は、いつも包容力をもって、ニコニコ爺《じい》さんでいることだった。ところが現実はその逆、どうやらブチ切れジジイの傾向がある。先日も態度の悪い高校生をぶん殴《なぐ》ったという警察官に、心の中で大きな拍手を送ったばかりである。

妻は話を続ける。

「親子や夫婦の間だって、いくら立派なことを話しても伝わるとはかぎらない。優しい笑顔があればこそ、相手の心に受け入れられるのではないかしら。親々の信仰の姿を語り継ぐのは大切なことだけれども、それにはまず私たちがお手本を示すことが第一だと思うけれど……」

ふと、作家の藤本義一《ふじもとぎいち》氏を思い出した。お孫さんに言われたそうである。

「おじいちゃんの賞味期限はいつ?」と。

私のような怒りん坊ジジイは、孫たちから見れば、とっくに賞味期限が過ぎているだろう。だが、今からでも遅くない。人間は食品と違ってまた回復できるのだ。

新しい年はひとつ、赤福ならぬ福々爺さんのラベルに張り替えて、偽装ではない自分づくりを、もう一度始めてみよう。

「今日はこれで良かったでしょうか」

五月から六月にかけて、私の最も好きな季節である。野の花たちが一斉に開きはじめ、郭公《かっこう》が鳴き、木々の緑が朝日にまぶしく光って刻一刻と色を変えてゆく。

神、そらに知ろしめす
すべて世は事も無し

そう歌った詩人がいた。時にはゆったりと縁側でお茶でも飲み、来し方行く末に思いをめぐらしてみる。

◇

「親譲りの無鉄砲で小供の時から損ばかりしている」とはご存じ、夏目漱石《なつめそうせき》の『坊《ぼ》っちゃん』だが、私の場合は生来の慌て者で、予定日よりひと月も早く生まれてきたそうである。おかげで滑り込み五月誕生となったが、虚弱で手のかかる赤子だったらしい。

「おまえは、この時期に生まれたのでなかったら命がなかったろうね。農家のような忙しい家庭でもダメだったろう。教会だからこそ、たすけてもらったのだよ」

母は、いつもそう言っていた。長男は生後間もなく亡くなったが、私も十歳のころまでは毎年のように病気をして学校を休んだ。弱虫、過保護、家の前の威張りっ子。

青年期、修養科を了《お》えてすぐ、今度は結核を患った。入院こそしなかったが、人並みに仕事ができないことが辛《つら》かった。

だから、回復して何か御用をさせていただけることが、どんなにうれしかったか。それから五十年、時には身体《からだ》にかなり無理をかけたこともあったが、病院の門をくぐったことは一度もなかった。

ところが、ちょうど四年前の五月、がんが見つかり生まれて初めて入院。大きな手術となった。

病気にはその時代の主役がある。青年期の結核、古希《こき》を迎えてのがんと、それぞれ私も病気の主役を体験し、しかし、ほとんど苦痛もなく回復して、今なお、生来の虚弱児が、この年齢まで生かしていただいていることを考えるとき、いくら鈍感な私でも、そこに天の配慮を思わないわけにはいかない。

◇

この年齢までというのは、来年から後期高齢者の仲間入りをするのである。「後期」と言われて怒る気は毛頭ない。むしろそれは「幸喜」のための「好機」であり、「高貴」や「光輝」ではなくても、ますます「好奇」の心をもって「後喜」を楽しもうと思っている。

それには、生きる途上に出合うさまざまな事柄は、みな一つひとつ大事な意味をもっていて、親神様の深い親心が秘められていると悟ることのできる感性を持ちたい。そう考えていた。

ところが近年、家庭崩壊、医療崩壊、福祉崩壊その他、いずれも崩壊ばやりで、それらが互いに絡み合い、高齢者の問題にも深刻な影を落としている。

早い話が私のような何もできない爺《じい》さんは、家内に死なれたことを想像すると恐怖である。また自分がボケたり長患いするようになったとして、周囲の苦労を思ってみると、これまた生きているのが申し訳なくなってしまう。現実にそうした辛い日々を送っている人がたくさんいる。

だが、とわが胸中をのぞきこむ。先案じという不安感には、「してほしい」という願望が先立っていないか。「させていただく」という勇み心を先に立てれば、見える世界が変わってくるに違いない。

私の母も晩年寝たきりになり、本当に皆さんのお世話になった。自分の親でもないのによくぞここまでと、頭が下がった。しかし、世話をしてくださった人たちもまた、きっと何かを頂戴《ちょうだい》しているのである。それこそが互いたすけ合いだと考える。

教祖は「この屋敷に住まっている者は、兄弟の中の兄弟やで」(『稿本天理教教祖伝逸話篇』一六三「兄弟の中の兄弟」)と仰せられた。

世界一れつきょうだいと教えていただくのだから、教会と信者さんは家族の中の家族。「私には教会がある」と、信者さん方に安心してもらえる教会でありたい。

◇

先日、教会に家なき人々を寄せて、親身に世話をしている会長さんにお会いした。おたすけの根幹を伺うと、ズバリ、「自己中心主義を卒業することです」。

教会も同じこと、神中心ならぬ自己中心に陥ると、苦労を避け、心はバラバラ、崩壊につながる。「決して他人事《ひとごと》でない」と思案にふけっていたら、愛町《あいまち》分教会の愛与《あいよ》布教所から月報を頂いた。渡部与次郎《わたなべよじろう》所長さんのご了解を頂いて一部を要約紹介する。

地面の下の根は見えないが、（植物は）根によって決まります。人間も目に見えない部分が見える部分を決めていく。だから陰というのは非常に大事です。

初代会長様は、晩年でもお休みになる前に、「今日はこのように通らせていただきましたが、よろしかったでしょうか」と、毎日神様に伺ったようです。「おたすけがちょいと足りなかったね」と仮に浮かんでくると、それからおたすけに出なさった。ゴザを持たれ、よその家の庭に座って、そこの病人の陰願いをなさった。

「朝《あした》に道を聞かば夕べに死すとも可なり」と古人は言ったが、こんな心ゆさぶられるお話を聞いて、夕べに死んでなどいられない。私は夜中に起きてゴザを持ってということはできないとしても、親神様という主《あるじ》の声に耳を澄ませて、「弘毅《こうき》の心」を失わず、自他ともに「興起」することを最上の楽しみにして、後期高齢の道へ歩みゆきたいと思う。

夜空に星が輝いて

近年の世相を観《み》るに、老年の身としては悲憤慷慨《ひふんこうがい》諸々《もろもろ》にあるのだが、ついては徳島市のさる人が所蔵する古文書に、老人を詠《よ》んだ六首の歌があるという。うち三首を紹介する。

手がふるふ足がよろめく歯は抜ける
　耳はとふのく眼は薄ふなる
くどふなる気がみじこなるぐちになる
　おもいつく事みなふるふなる
聞きたがる死にともながるさびしがる
　出しゃばりたがる世話やきたがる

これを紹介したエッセイストの池内紀《いけうちおさむ》氏は言う。当今の老人は「いつも現役」といきまいているが、古人は老いを正確に見て自戒の歌とした、と。

あまりに図星で身につまされるが、しかし教祖は「七十過ぎてから立って踊るように成りました」とおっしゃる。老いの自戒は大切だが、老年には老年の世界が開けていくことを示唆してくださる。

◇

それはどんな世界か、と考えていたら、先日ちょっといい話を耳にした。語ってくれたのは、ある教会長さん。

氏が単独布教を始めて間もないころ、住む家もなく、野宿同然で奥さんと赤ちゃんの親子三人が身を寄せ合って寒さをしのいでいた夜のこと、満天の星空を眺めて奥さんが歓声を上げた。

「わあッ、なんて素敵な夜空のイルミネーションでしょう。このたくさんの星たちも私たちを祝ってくれているのね」

「あの言葉に救われましたよ」と会長さんが言った。

「いくら覚悟のうえの単独布教とはいえ、家内にはすまないなあと思っていましたからね」

「それで、いま教会には何人いますか」

「家族も含めて二十数人です。最初は十人を寄せることが目標でした。十人になったら二十人を目指すようになります。いま三十人になることが楽しみです」

教会に参拝して驚いた。玄関に入った途端、上がりかまちにズラリと膝《ひざ》をそろえて迎えてくれた男性諸氏、その笑顔が実によかった。もう一つの驚きは、皆さん、この建物のいったいどこへ頭を隠して寝ているのだろう。

教会生活をする人のなかには、言うに言えない事情を抱えた人もいる。だからこそ教会は生まれ変わりの場所であり、これから先の基礎づくりの場所である。いわば生活の基本から正す道場であり、心を癒《い》やす家庭である。教会長夫人はそのお母さんだ。よって私は、家なきおじさん・おばさんを教会へ寄せる教会長さんに敬意を払うとともに、陰で支える奥さんに脱帽する。やはり心に星の輝きがあればこそ。

◇

さて、その数日後、未知の方から宅配便が届いた。中に土地の名産品と、数々のコピー資料と、達筆の手紙が入っていた。

手紙には、「教会長を四十三年間務め七十歳でその職を後継者に託しましたが、現代の若き信仰者たちの求道心の希薄さは目に余り、次代を担う方々に勉強していただきたい思いから参考資料を配布しています」とあり、ついては、中にあなたの文章もあるのでと、了解を求める文面であった。

「宗教界の苦悩の時代、本教においても危機が迫りつつあり」「信仰の行事化から脱却して宗教本来の内面的心の信仰へ」などと、手紙の文言には一つひとつ共感でき、その教材に私の文章も使われるとはまったく光栄なのだが、ただ、紙面いっぱいに丹念な傍線が引かれている資料の数々に、それをもらった若い人たちは、手に取っただけで頭がいっぱいになるのではと気になった。

◇

ところがである、頂いた資料に懐かしい荒垣秀雄《あらがきひでお》氏の文章があったのだ。朝日新聞のコラム「天声人語」の氏の名文は、そのころ高校生だった私たちにも人気があった。

以下、荒垣氏がご当人から直接聞いたという珍談集。

▼渋沢秀雄《しぶさわひでお》氏が八十五歳のころ、大学で講演した後、司会者の学生が言った。

「本日は高齢の先生がわざわざおいで下さって、枯木《かれき》も山の賑《にぎ》わいであります」

▼声楽家の佐藤美子《さとうよしこ》さんが女子大のパーティーに招かれ着物姿で行ったら、

「まあ先生きれい！　馬子《まご》にも衣装ですわネ」

▼坂西志保《さかにししほ》さんが東北の女子短大で講演した後のお礼状。

「先生の御健勝のほどを、みちのくの草葉の蔭から祈っております」

▼茅誠司《かやせいじ》博士が大学で講演したときの、司会者の学生のお礼の辞。

「先生どうか余生をお大事に」

▼劇作家の内村直也《うちむらなおや》氏に学生が色紙を出して、

「先生、絶筆を一つお願いします」

（荒垣秀雄著『自然と人生』より）

勉強会といっても、こんな話題を提供してくれるのだったら楽しいだろうなあ。

二千五百年昔の孔子《こうし》の言葉が思い浮かぶ。

「子曰《しいわ》く、これを知る者はこれを好む者に及ばず、これを好む者はこれを楽しむ者に及ばぬ」（村山孚《むらやままこと》訳『論語』）

もちろん孔子は人の間違いを楽しめと言ったのではないが、誤りや失敗に目くじらを立てるのではなく、それらをも包み込んで人生を楽しく捉《とら》えたいものと思う。

教祖は「今の道がどんな道であっても嘆くのではない、先の本道を楽しみに」と私たちを激励してくださる。だが、今の道中をも楽しんで通ることができれば、教祖はなお、お喜びくださるだろう。

今を楽しむ、年寄りの最も大事な役割がそこにあるように思えてきた。

第四楽章を謳《うた》おう

私は生来の慌て者で、予定日よりひと月も早く生まれてきたそうである。だから虚弱で、少し風がそよぐと呼吸困難になり、誰もたすかると思わなかったという。

それが、どうにか日本人男性の平均寿命あたりまで生かしていただいた。

「いよいよこれから第四楽章だな」とつぶやいたら、家内に言われた。

「やめて、第四楽章などと。もの寂しい」

「なにを言うか。ベートーベンの第九交響曲だって、あの『歓喜の歌』の大合唱は第四楽章だよ」

「じゃあ、あなたの第四楽章は何の歌？」

「まあ、歓喜ではないが、『感謝の歌』を歌いたい。その心をもって、今やりたいことが二つある。その一つは道の教職員の集いの活性化。ウチの教区は遅れている」

「もう、皆さんにお任せしたら？」

「以前からの約束なの。手伝うのです。道の教職員の集いは、学校の先生方のただの親睦会《しんぼく》ではない。お道の教えは、教育にとって大事な意味を持っている。また、お道のあり方も教育の思想や方法にヒントを得るものがある。だから双方ともお互いから学び、深めていったら、そこに育てのうえの素晴らしい実りを頂くと信じている」

◇

というわけで、去る八月七日、生まれて初めて教職員の集いに参加したのである。名簿を見ると、そんな大都市圏でもないのに参加者が百名近い教区もある。わが教区は昨年一名、今年は五名、五倍増だなどと、恥ずかしくて口にも出せない。

ああ、それにしてもこの行事、六、七日と、せめて一日だけ繰り上げできないものか。おぢばの夏の行事の過密状況はよく分かっているが、八日からは交通機関すべてお盆の特別態勢に入り、切符は入手しがたく、割引は利かず、道路は渋滞する……。

と、そんなことを考えつつ、会場である天理小学校の玄関を入ると、いきなり校長室へ通された。そして校長先生から、ある冊子を頂戴《ちょうだい》したのである。それは、理想教育財団が主催する「学校新聞コンクール」の入賞作品集であった。

なかに、うれしくも天理小学校が、全国五校のなかに選ばれて、学校奨励賞を受賞していた。

A4判百ページのこの冊子には、全入賞校のそれが写真入りで紹介されていた。学校新聞、学年だより、学級通信などさまざま。月刊、週刊、なかには日刊も少なくない。

学校の先生という仕事は、授業や部活指導に加えて陰の仕事も多い。そのなかを、こうして「便り」を続けるという熱意には脱帽のほかなかった。

だが、気になることもあった。紙面に余白がないのである。あれも伝えたい、これも書かなければと、作る側の意欲とともに余裕のなさ、焦りのようなものを感じたのである。文字やイラストでぎっしりの紙面、果たして、よく読まれているだろうか。

◇

それにしても不思議なことであった。

私は家内に、「人生の第四楽章に入って、道の教職員の集いを手伝うほかに、もう一つやりたいことがある」と言った。

それは、教会と信者さんとの結びつきを、いっそう強固にするということであった。私にできるその一つとして『教会だより』の継続と、内容の充実と、配布の徹底があった。そう考えて準備にかかっていた。

これまで創刊以来、出しては中断、再刊してまた中断、という繰り返しであった。今度こそはと、教会長である息子と相談し、「復刊第三号」を出した直後の、今回の天理小校長室での出来事であった。これを参考に、という神意だったと感謝している。

そこで参考まで、わが『教会だより』の基本方針を列挙してみる。どこまで実現できるかは別として。
①内容は、教会からの一方的な伝達に片寄らず、お互いの交流の場として、それぞれ自分の頭で考え、話し合える記事を。
②したがって、老若男女どなたにも分かる言葉で。また道と世界の言葉の垣根を取り払い、未信仰の人にも理解できるよう。

③紙面は、単純素朴を旨とする。とくに余白を大事にし、カラーの乱用や、技巧を凝らした紙面作りは避ける。ただし「紙は、その白きをもって神に通じる」という言葉を尊び、用紙は少々上質なものを。

◇

今はネットの時代、紙に印刷した教会報など時代遅れだと思う若者も多いだろうが、落語家の桂文珍《かつらぶんちん》さんの言葉を聞こう。

「私らはカミソリでひげを剃《そ》ります。便利な道具ですけど、横に剃ったら切れて血が出る。それと一緒でネットも上手に使えばいいものを、まだ使い方がようわかってないんですな。匿名性があるせいで、人間の悪意も顔をのぞかせる。そして犠牲になる方が出る。お気の毒です。年寄りはようわかってます。だから、スマホもタブレットも、ついていけないふりをしている。私も一切やりません。そうやって他人の悪口をきかんよう、見んようにしているんです」（平成25年8月7日付『朝日新聞』）

次にこれは「ヒマの上にも五年」と題した、山口県下松《くだまつ》市の男性の投稿。

「退職して丸五年が過ぎた。決してあっという間ではなかった。ボランティア、市民講座、通信教育、四国遍路と、あれこれやってみた。のたうちまわったという感じが強い。当然ながら家内との間もぎくしゃくして、険悪な空気が漂うこと一再ならず。
しかしこのところ家内の機嫌がいい。昨年から週二日、アルバイトに出かけているからだ。自分自身も現役時代の生活のリズムが少し戻ってきて、心なしか体調もよくなったように感じる。やはり現実の社会とのかかわりの中で、少しでもなすべきことを持つことが必要だったのだ」（同8月25日付『朝日新聞』）
教職員OBの皆さまにも、ヒマの上にも三年くらい過ぎたら、お誘いに行きたい。「お道の御用にも、社会とのかかわりの中で、なすべきことがたくさんあります」と。

爺さんの感謝デー

近ごろ、どうも頭の調子が気になる。もの忘れがひどいのである。

昨年の秋、大阪空港へ息子が車で迎えに来てくれた。途中で楽しく昼食を頂いたまではよかったが、詰所へ着いて荷物を整理して気がついた。財布がない。中身は、現金こそ少ないが、カードが入っている。さっそくカード会社に連絡をし、天理の警察署にも届け、さて最終日、教会へ帰る段になって部屋の始末をしていたら、出てきたのである。ベッドの敷物の間から。壁ぎわの、間違ってもそこからベッドに這《は》い上がることなど決してない場所から。どうしてそんな場所に置いたのか、今もまったく思い出せない。

その翌月、これも詰所の私の部屋。朝、目が覚めたら入れ歯がない。どこを捜してもない。「ゴミと間違えて捨てたのではないの？」と、家内はあきれ顔で言った。

数日後、大勢の方にお話をさせていただく機会があった。歯がないというハナシにもならない非礼を詫《わ》びて話し始めたのだが、困ったことにふだんでも回転のにぶい頭がなおも停滞して、しどろもどろ。

歯は、食べ物を噛《か》むことと、話すことのためにあると思っていたが、頭の回転にもかかわっているのだと、この歳《とし》になって初めて知った。そういえば、年齢の「齢」という文字にも「歯」がつく。

それで思い出したのが、大阪大学の澤瀉久敬《おもだかひさゆき》氏の言葉である。氏は医学部の教授だったが医学者ではなく、哲学者である。医学は人間を対象とする以上、医師は医学の知識や技術だけでなく、なによりも人間についての考察を深めなければならない、ということで京都大学から招かれたのである。

その澤瀉氏に、「生物と、機械の違いは何か」という問いかけがある。

とりあえずの答えは簡単。機械は、まず部品をつくり、それを集めて組み立て、全体をつくる。いっぽう生物は、動物にしろ植物にしろ、はじめ一個の細胞があり、それが分裂して全体をつくる。

そう考えれば、すべての生命あるものは元初《もとはじ》まりにおいて、皆つながっていることがうかがわれる。

◇

と、こんなことを書き始めたのは、今年の五月三十一日は、私にとって傘寿の誕生日という節目の時なのである。今から八十年前のこの日、私は予定日よりひと月も早く生まれてきたのだという。未熟児。真綿にくるむように大事に扱われたと。

というのは、私の上に一歳ちがいの兄がいたが、わずか半月ほどの命だったそうで、「もしやこの子も」と、みな心配したと聞く。

私の父にも兄がいたが、やはり夭逝《ようせい》、そしてさらに私の長男もまた……。親子三代にわたって同じ姿を見せられれば、いくら鈍感でも何か感じないわけにはいかない。

私も就学前まで毎年のように病気をした。

昭和二十年、小学校四年生の春、父が亡くなった。三十二歳、肺結核だった。そして同年八月、終戦を迎えた。

田舎だから空襲には遭わなかったものの、日本中いずこも同じ、衣食住をはじめ、すべてに窮乏していた。父のあとを継いで教会長のお許しを頂いた母は、小学生二人と幼児二人、合わせて四人のわが子に加え、教会に多くの入り込み人を抱えて、その苦労は、子供の私たちにもよく分かった。

そんな母に、「安心してください。僕もお母さんのあとを継ぎますから」と言えば最高の親孝行になるのはよく承知していたが、私にはそれが言えなかった。「神様って本当にあるのかなあ……」

高校を卒業して、地元の国立大学の哲学教室に籍をおいた。そして、神はあるのかないのかという問いは、何千年来、人間の大きな課題であることを知った。

ある布教熱心な教会長さんが私に言った。

「そんな学問のうえから神様の勉強をするのも大事だろうが、実践から入ってみたらどうだ。まず、修養科へ行きなさいよ」

それもそうだと、卒業後すぐ修養科へ。そして無事三カ月を了《お》えて教会へ帰ると、どうも体調がおかしい。疲れやすく、食欲もない。念のためにと大学病院で検診を受けたら、「あなたは正真正銘の肺結核です。ただ、幸いにも菌が出ていないし空洞もないから通院でいい。あとはできるだけ安静にして」と。

私の母の弟が内科医で、結核に関連した研究で博士になった。また、小学校以来のクラスメートが医学部にいて、医学に関する情報をよく吹き込んでくれた。そんなことから結核という病気の正体がわずかながら分かってきた。それはあたかも、いんねん自覚のお諭しにも似ていた。

さてその後、私は二十代後半からどんどん太りだし、あちこち飛び回っても疲れも知らずにいたところ、七十近くなって再び痩《や》せ始め、みなに促されて「憩《いこい》の家」で検査の結果、がんを宣告された。大腸手術、胃全摘、胆のう全摘。ちょうど十年前の五月二十五日にその手術が行われたが、以来ありがたくも再発の兆候もなく、今日に至っている。

◇

私にとってこの五月は、傘寿、がん手術十周年という記念の時。今こうして元気でいることを、いくら感謝しても足りない。

これまでもさまざまなことがあったが、みな、その時々、力を貸していただいた。たとえば、がんを宣告されたとき動揺しなかった陰には、若いときの結核体験があった。結核だと言われてそれに耐えることができたのは、死の間際まで笑顔を絶やさなかった父の面影があったから。

理屈屋の私が曲がりなりにも道から脱線しなかった陰には、戦中戦後の混乱窮乏のなか、たくましく道を歩んできた母の姿があった。

あらためて澤瀉氏の言葉を借りるなら、命あるものすべて、元一日から始まり、過去に支えられ、たがいにつながりをもって明日に向かう。そして、その一番根っこのところに親神様、教祖のお働きがある。

第五章

ふしを生かす

つまずきにも意味がある

拝啓　エリさん、大学合格おめでとう。

あなたが障害児教育を目指していると聞き、実は一度入試に失敗したほうがいいかも、と思っていました。まあ怒らないで。お祝いの言葉としてその理由を書きます。

その前に一篇の詩を紹介しましょう。『産経新聞』からの拝借です。

　りんご　　　　　　　　　岸和田市　樋口千秋　31歳

いつも縦に
切っているりんご

今日は一度
横に切ってみる
知らなかった
そこには可愛《かわい》らしい
小さな花があった
甘くておいしいりんご
こんな素敵な秘密を
持っていたんだね

「合格乾杯！　がんばった甲斐《かい》がありましたね。親神様のご守護ですね……」

これは、りんごの縦切りの、常識的なお祝いの言葉。横切りの言葉ではどうなるか。

「もしあなたが不合格だったとしても、それもまた親神様の親心ですね……」


受験に失敗しても、浪人生活の辛抱はせいぜい一年か二年です。ところが障害を持った子は、一生それを抱えて生きていくのです。にもかかわらず、元気で明るい子が多い。そう考えると、その子たちから学ぶことが実に多く、自分が痛い思いをした経験のある人なら、「気の毒だからお世話してあげたい」という言葉が、善意ある思い上がりだと気づくでしょう。

いつか、「ひのきしんスクール」で、あるお母さんと一緒になりました。息子さんが小学生のころ、耳が聞こえなくなり目が見えなくなり、それでも一生懸命がんばって、とうとう東京大学に助教授として招かれたそうです。

「息子さんを育てるのに、お母さんが一番心を砕いたことは何でしたか」と問うと、

「あの子は兄弟の中でも特別、明るい子でした。その明るさだけは失わせまいと」。

淡々と語るお母さんの言葉には、実際に通ってきた人の持つ重みがありました。私は、あらためてそのお母さんから教えられたのでした。どんな人の人生にも謙虚に敬意を持って対することが大切だと。

教祖は「貧に落ち切らねば、難儀なる者の味が分からん」と、自ら進んでどん底の

道を歩まれました。救いを求めてくる人たちに対しても、「よう帰って来たなあ」「切ないやろうなあ」と、教えを説く前にまず相手の喜びや苦しみを共有なさったのでした。そして自ら身をもって病人のお世話もなさいました。

教祖にたすけられた人たちも、その御態度に学び、厳しい迫害の中でありましたが、道はどんどん伸びていきました。

作家の柳田邦男《やなぎだくにお》氏の本に、再発胃がんで入院していたおばあさんの話があります。苦しみが激しく、医師や看護師にも背を向けて取り付く島がありません。そこへ看護に付いたのが若い看護学生でした。彼女は途方に暮れ、ただ手を握り、体をさすってあげるだけ。しかし、その無言のひたむきな行為におばあさんの心が開き、少しずつ孤独な身の上を話すようになりました。それでも看護学生は応答の術《すべ》も知らず、「そうですか」と相づちを打つだけでしたが、不思議とおばあさんの痛みの訴えが少なくなり、やがて穏やかに旅立って行ったそうです。

省みて私ならどうするか。

「おばあちゃん、元気を出しなよ。そんなことでどうするの。陽気ぐらしだよ」

相手をたすけよう、勇ませようと、つい言葉で説得したくなります。しかし説得では、相手の悲しみや苦しみを共有できません。いくら整然と教理を説いても、相手の心に届かなかったら、それは空虚な言葉、死んだ言葉です。

それに加えて、アメリカのある心理学者の研究によると、人間が他人から受け取る情報の中で、「話す言葉の内容」が占める割合は、たった七パーセントだそうです。ほかは声や表情や、その人の人間性全体が九〇パーセント以上を占めると。（竹内一郎《たけうちいちろう》著『人は見た目が9割』）

教育の世界も同じことです。言葉は大事な伝達の手段ですが、その言葉に生命《いのち》を吹き込むのは、教祖のように相手の喜びや悲しみを共有することでしょう。どんな人をも一人の人格として尊び、自分では何もできなくても、せめて相手の話にじっと耳を傾ける。それでこそ、あなたの言葉も生きてきます。聴くから聴いてもらえる。教育に携わる人や布教する私たちにとって今、心すべき大切なことだと思います。

エリさん、パソコンや携帯を駆使するよりも、まずは生身の人間と直接話す機会を多く持ってください。そして心ふさがれたら、時にはりんごを横切りに……。

貧窮問答、教祖ならば

なにか最近、一枚の百円玉がぐっと重みを増してきた、と感じるのは私だけだろうか。

経済のことはよく分からないが、株価は下がる、ガソリンや食料品の値段は上がる、格差は広がる。日本だけでない、世界的に経済の行く手が深い霧に包まれている。

今年もらった年賀状の、むかし片思いの微熱を上げたクラスメートからの文面。先行きの不安を訴え、テレビが報じたワーキング・プアに衝撃を受けた感想、そして、「天井しらずの灯油の値上がり、夜は早く寝ることにしました」と。

この人、そんな境遇でもあるまいにと思いながらも、中学時代、彼女らと暗唱を競った万葉集・山上憶良《やまのうえのおくら》の「貧窮《ひんきゅう》問答の歌」を思い出す。

風雑《まじ》り　雨ふる夜の
雨雑り　雪ふる夜は
すべもなく　寒くしあれば……

この歌は北国住まいの私に、人間への、とりわけ家族への切ない愛《いと》おしさとなって迫ってくる。憶良は続ける。

われよりも　貧しき人の
父母《ちちはは》は　飢え寒《こご》ゆらむ
妻子《めこ》どもは　乞《こ》ひて泣くらむ
此《こ》の時は　いかにしつつか
汝《な》が世は渡る

◇

それから千三百年過ぎた今、子を思う親の心は教育に向かう。

春、受験のシーズン。都会のホテルは受験生で混み合う。そのホテル、これまでは安さ本位の受験生宿が普通だったが、最近は一泊四、五万円の高級ホテルがよく利用されるという。
受験前夜はできるだけ快適にという、それが親心だと思う人もいようが、ともあれ次の歌をご覧いただきたい。

受験費用心配しなくて良いからと
父のメールに涙こらえる　高3・小林麻未

これは東洋大学が全国の中高生らから募った「現代学生百人一首」六万首のうち、百選に選ばれたなかの一首である。それを紹介した朝日新聞の「天声人語」から、家族に関する数首、拝借をお許し願う。

両親の働く姿に胸打たれ
そっと終わらすマイ反抗期　中3・樋口絢美

ほうれん草のおひたし最近水っぽい
握力落ちた母の細腕　高3・千葉幸

仲間とのそば打ち語る父の顔
白髪頭の少年がいる　高3・馬場史織

気づかぬふりして子は親をしっかり見ている。その鋭さ、優しさ、的確さ。

おじいちゃんみんなの話題と違うけど
私はちゃんと聞いてるよ
高3・岸友佳里

帰るねと言ったら急に話し出す
祖母の顔見てまだいようかな
高2・内田菜月

おばあちゃんさっきも言ったよその話
忍びよる影そっと肩抱く
高3・関口亜沙実

エアコンで家族が集う夏の居間
異常気象がもたらす絆《きずな》
高1・小玉千陽

そう、昨年のような猛暑もまた家族の絆を強くするのだ。

人間形成のうえに、ある種の欠落感はむしろ必要なことである。もっとも、それには楽しく明るく生きる工夫努力が要ることではあるが。この一月に芥川《あくたがわ》賞を受賞した川上未映子《かわかみみえこ》さんは子供時代、家の水道を止められ、容器を持って「今から探検に行きます!」と、母親に率いられて学校から水を失敬してきたこともあったそうな。年齢を偽って十四歳で工場で働き、姉や弟とは「サバイバルをともにしたので結束は今も固いです」と。

最近のベストセラー『ホームレス中学生』の著者は、一家離散、公園で野宿し、腹が減って段ボールまでかじったというが、なんとも明るい。それが愛された理由かも。

◇

さて、ここからが本題です。

私たちの教祖は、物の不自由にかぎらず言葉には尽くせない艱難《かんなん》苦労のなかをお通りになりましたが、それは親神様の仰せのままに、ご自分から求められた道でもありました。そのひながたあればこそ、教祖を慕う多くの人々が、励まされ、方向づけられ、厳しいたすけ一条の道をお連れ通りいただけたのでした。

しかし、教祖の幼いお子様方にしてみれば、別の意味でなかなか大変な道中であったと拝察いたします。

『稿本天理教教祖伝』第三章には、お子様方に対する教祖のお言葉として、

「お月様が、こんなに明るくお照らし下されている」

「水を飲めば水の味がする」
「どれ位《くらい》つまらんとても、つまらんと言うな。乞食はささぬ」
などと記されていますが、実際には折に触れ事に当たり、まだまだ多くのことをお話しなさっていたと察するのです。

そこで、この小文をお読みの皆さまに提案です。教祖はお子様方に、ほかにどんなお言葉をかけておられただろうか、たった一例でもいいから想像してみてください。

そして、もしあなたに育ち盛りのお子さんやお孫さんがいるならば、なんと言ってその教祖のお心を伝えるか、それもお考えいただきたいのです。できればさりげなくユーモアを込めて。

卒業する皆さんへ

春三月、卒業式の時期になると、今はあまり歌われなくなった『蛍《ほたる》の光』や『仰げば尊し』の旋律が耳元へ響いてきて、キュンと胸が痛くなる。毎年、ほんの数時間ながら天理看護学院の卒業学年生に話をする機会を与えていただいているせいかもしれない。「どうか良い人生を歩んでほしい」と、祈る気持ちになるのである。

良い人生とは、健康で、仕事にも恵まれ、愛する人と結婚してという、いわゆる世間的な幸福のことではない。

今年、看護学院で話したことの一端を以下に記す。

◇

私の父は昭和二十年、終戦の年に亡くなった。小学四年生の私を筆頭に、四人の幼い児《こ》を遺《のこ》して。

戦後の混乱期、父のあと教会長になった母の奮闘ぶりを見るにつけ、子供心にも親に心配かけられないなあと思ったものだが、最も安心してもらうのは、私が教会長を後継しますと、しっかり心を定めることだった。

しかし、そうするには大きな壁があった。神の存在が信じられなかったのである。「神はあるのか、ないのか。あるとすればなぜ世界には争いや天災地変や、さまざまな不幸が絶えないのだろう。心づかいの誤りからというが、それなら最初から神の意に反しない人間を造ればいいではないか」

どうも分からない。そんな自分が「皆さん、神様はありがたいですよ」と言ったら嘘《うそ》つきになる。死んでもそんなごまかしはしたくなかった。

ところが後日、西洋思想史をかじってみて驚いた。「神はあるのか、ないのか」という私の小学校以来の疑問が、じつは古今をつらぬく哲学上の大命題であることを知ったのである。私の貧弱な脳ミソで分かろうはずもなかった。さりとて進路は決めなければならない。

そこで私は結論を先へ延ばすことにした。数年、学校の先生でもして、その間にじっくり考えよう。そう思って教員採用試験を受けた。

試験には合格した。しかし、当時も今日と似た就職難だった。待てど暮らせど採用通知は届かない。「もし採用されなかったら、修養科に入りなさいという親神様の思召《おぼしめし》だと考えよう」と、このときばかりは半信半疑の親神様に登場してもらって結果を待った。

そして忘れもしない五月一日、修養科二〇五期の初日をすませて詰所へ帰ったところに、採用の電報が待っていたのである。

「親神様が試しておられる！」。さすがの私もそう思い、採用通知を断った。ところが、修養科を了《お》えて教会へ帰ったころから、どうも体調が優れない。すぐ疲れるし食欲もない。意を決して病院の門をくぐった。数日後、レントゲン写真を前にして医師は言った。「あなたは正真正銘の肺結核です」

納得できなかった。教員の採用を断って修養科へ通った。結核だったものが治ったというのなら分かる。話が逆ではないか。

医師は、菌も出ていないし空洞もないから、入院しなくても安静にして寝ているようにと言ってくれた。ところが私は、まるで針の布団に寝ている気分だった。誰も悪い顔をする人はいないが、自分で自分を責めた。「俺《おれ》は何の役にも立たないな」以前から母に言われていた。「その理屈っぽい高慢チキな性分を直さなければ、いまに結核になるよ」。その通りになった。

そのころ、東京大学で鎌倉仏教を専攻したという高校の先生が教会へ出入りするようになり、よく親鸞のことが話に出た。なかで、「いづれの行《ぎょう》もおよびがたき身なれば、とても地獄は一定《いちじょう》すみかぞかし」という歎異抄《たんにしょう》の一節が強く私の心を打った。

人間、何ごともないとき、自分を厳しく見つめることは難しい。身上や事情を通して、やっといいんねんの片鱗《へんりん》を自覚させていただける。おかげで私も、「いずれの行もおよびがたき身」という親鸞の言葉にいたく共感を覚えたのである。誰にともなく謙虚に頭を下げたくなった。

とともに、地獄に堕《お》ちても決して後悔しない、という親鸞の徹底した覚悟に深い敬意を払いながらも、私には教祖が、この上なく温かく身近に思えてきたのである。

「皺《しわ》だらけになった紙を、そのまま置けば、落とし紙か鼻紙にするより仕様ないで。これを丁寧に皺を伸ばして置いたなら、何《な》んなりとも使われる。（中略）人のたすけもこの理やで」（『稿本天理教教祖伝逸話篇』四五「心の皺を」）

たとえば、このようなお言葉に接して、私は修養科を了えてすぐに身上を見せていただいたのは、まったくありがたいことだったと思うようになった。以後、与えられたお道の御用は決して断るまいと、心に決めた。


以上、ささやかな私の体験を述べたが、卒業する皆さんが、これから歩む途上に遭遇する事柄の一つひとつにも、みな深い意味が秘められていると信じる。どうかそこに親神様の親心を悟り、ふしを活《い》かしていけるような「良い人生を」と祈る。

もっとも、成ってくることをみな喜びに受けとめるのは、そう簡単ではない。

まず、分からないことはいきなり否定しないで、数学の手法を借り、エックス（未知数）としてカッコに入れておこう。教祖は「成人次第見えてくる」とおっしゃる。

そして、喜びには喜びの理がまわる、とも教えていただく。たとえ、どんな小さな積み重ねであってもいい、ものの言い方ひとつからでもいい。わが心の皺を伸ばし、人さまの心の皺をも伸ばす手伝いをさせていただけるよう、日々「喜びの種まき」を心掛けてほしい。

ふしを生かす

先日、ある勉強会で、私自身のがん体験を話した。「がんがたすかる」から「がんでたすかる」という趣旨で。

十年前、私はがんの手術を受けたが、以後再発の兆しもなく、元気に通らせていただいている。しかし、病気は親神様のメッセージだと悟るなら、私はまだまだお応えしていない。

それにちなんで、以前、「ひのきしんスクール」のねりあいの場で聴かせていただいた二人のご婦人の話を思い出したのである。以下、その要旨を。

◇

一人の奥さんには、高校生の息子がいた。成績優秀で、有名な進学校の、そのなかでもトップクラスにいた。

ところがその息子さん、体調を崩して、なかなか回復しない。勉強も遅れ気味。焦燥の日々が続いた。

奥さんは考えた。「ふしは親神様の親心の表れ。いったい何を急《せ》き込んでおられるのだろう……」

考えて、二つの心定めをした。一つは主人に別席を運んでもらうこと。ご主人は会社の経営者だった。妻の信仰には口を出さないし、夫婦同士、何も不足はないのだが、いくら頼んでも別席を運んでくれない。

「この機会に、今度こそ……」

肝心の息子はどうか。よく勉強するし、生活態度も悪くない。が、ハタと気づいたことがある。そんな進学校でも、ツッパリもいれば、クラスの空気を乱す者もいる。生真面目な息子はいつもぼやいていた。

「あの連中さえいなければ……」

これだなと気づいて、奥さんは息子に言った。「おまえ、髪にパーマをかけたら?」。

「とんでもない。そうでなくても学校はきびしくて……」

そこを、「おまえはハンサムだから似合うよ」などと言って、半ば強引に美容院へ連れていった。

翌日、憂鬱《ゆううつ》な気分で登校した息子のそばへ寄ってきたのは、例のツッパリたちだった。「とうとう、おまえも俺《おれ》たちの仲間になったか」

彼らと付き合ってみて、新しい発見があった。あの連中さえいなかったらと敬遠していたツッパリたちには、優等生や模範生とは別の人間味、温かさがあった。

パーマのおかげで、息子の心の世界が広がった。コチコチの生真面目さが抜けて、柔軟性が出てきた。体の不調は、いつのまにか消えていた。

◇

もう一人の奥さんは、どこにでもいるような、ごく普通の奥さんに思えた。

この人の子供の一人が眼病を患い、三歳で右目、九歳で左目を失明した。

父上は、まあ、あまり本人に辛《つら》い思いをさせないで、のんびり育てようと言った。

お母さんは別に考えた。この子は、なかなか心優しく思いやりがある。そして明るく喜び上手だ。その良さを生かしたい。

その後、息子さんは、突発性難聴で聴力も失った。が、お母さんは自ら「指点字」などを開発してわが子を支えた。

と言えば、知る人も多いだろう。東京大学教授・福島智《ふくしまさとし》氏のお母さんであった。

◇

ついてはもう一人、あるお父さんに登場していただく。

私は小学生のとき、『手をつなぐ子等《ら》』という映画を観《み》た。知的障害を持つ子たちの感動的な内容だった。作者の田村一二《たむらいちじ》氏は日本の障害児教育の先駆者の一人であり、天理教の布教所長さんでもあった。

その田村氏に『賢者モ来タリテ遊ブベシ』（NHKブックス）という著書がある。

障害者も健常者も問題児も、みんな一緒に仲良く暮らそうではないかと、氏が中心になって滋賀県につくったユートピア、「茗荷村《みょうがむら》」の物語である。

読んで私は、教会の学生会バス団参で立ち寄り、見学させたいと思った。そこで、まずは下見をと、茗荷村を訪ねてみた。

早朝だった。センターとおぼしき建物に近づいて驚いた。入り口の周辺一帯に窓ガラスの破片が散乱、凄《すさ》まじい光景だった。

案内を請い、しばらくしてT氏というお坊さんらしい風貌の方が応対してくれた。

「夕べ、ひと騒動あったのですね」

「ええ、バットでめちゃくちゃにやられましてね。一睡もしていません」

ニコニコしながらT氏は言った。ああ、こんな人がいるなら学生を連れてきても大丈夫だ。そう思い、見学をお願いした。

そして当日、私は都合で同行できなかったが、茗荷村で学生たちにお話しくださったのはA氏という元学校の先生。

「……結婚して、子供が生まれましたが、成長するにつれて、知的障害であることが分かってきました。目の前が真っ暗になりました。親が生きている間はいいとしても、私たちが死んでからも、一生誰かに面倒を見てもらわなければならない。そう思うと不安で、子供が不憫《ふびん》で、いっそ親子心中を、とまで思い詰めました。そんなときに、ここ茗荷村のことを知り、教師を辞めて、家族でここへ来たのです」

「現在その子は、中学校を卒業して、近くの印刷会社で働いています。知的障害の中卒ですから、頂く給料は少ないのですが、いま、それがわが家の収入のすべてです。ここへ来るまでは、この子には困ったものだ、不憫だ、かわいそうだと思っていたものが、いまはこの子のおかげで生きている、この子は恩人だと、感謝の気持ちでいっぱいです。この茗荷村にいれば、みんなで助け合い、喜びを分かち合うことができるのです」

学生会バス団参の引率者の報告によれば、「話を聴いていた学生たちは、初めは足を伸ばしたり、あぐらをかいたりしていましたが、気がついてみたら、いつの間にかみな正座して、目を潤ませて聴き入っていました」と。

◇

そしてもう一つうれしかったのは、茗荷村で私が最初にお会いしたお坊さんのT氏が、その後間もなく、ひのきしんスクールを受講に来られたのである。どなたの勧めか、それは分からない。

惑いの季節を大切に

それは四十年も以前のことだった。国鉄（現・ＪＲ）の大きな駅の待合室で、「おお、井筒君じゃないか」という声が聞こえた。振り返ると、ある国立大学の元学部長さんであった。

私はこの先生から教育心理学の講義を受けた。話が身近で分かりやすいから学校の外でも評判がよく、ＰＴＡの研修会その他、どこでも人気があり、そんな関係から、私どもの教会へ来られたこともあった。

「君と会えてよかった。いま時間あるか？　どこか喫茶店へ行こう」

話を聞くに先生は、その年の春、長年勤めていた大学を定年退職したのだが、その後まもなく、ある政党から国政選挙に担ぎ出されて、立候補した。

家族や周囲の人々は反対した。「いくら大学教授として名が知られていても、政治の世界はまったく別だからよしなさい」と。

しかし、お人よしの先生は、聞く耳を持たなかった。結果は、見事に、落選！　そうなれば自宅にいても居場所がなく、立候補した政党からは約束した選挙の経費も払ってもらえず窮地に陥っていたところ、たまたま駅で私と出会ったのだった。

「……というわけで、私をしばらく君の教会に置いてもらえないか？」

「先生、それはいいけれど、特別扱いはできませんよ。教会は下宿屋ではないから、お金は要りませんが、早朝のひのきしんから、朝づとめ夕づとめ、それに食事もみんなと一緒です」

「ああ、それで結構。私はもともと貧乏農家の生まれで、早起きも掃除も一切苦にならないし、食べ物もあれこれ言わない」

と、こうして教会住み込みの老青年？　となったその先生は、本当に表裏なく勤められた。

早朝から、低い背丈に鉢巻きしめて、まずは参拝場のトイレ掃除から始めて、朝夕のおつとめも欠かすことなく勤められる。ただ、年齢の差は正直で、おてふりや鳴物は、とても教会の幼い子たちに敵《かな》わない。

◇

おりしも、そのころ、「荒れる中学生」が一つの社会問題になり始めていた。荒れるのは生徒ばかりでなかった。親は学校を批判するし、学校は親の育て方を非難する。お互い責任のなすり合い。そうしたニュースを見るにつけ、先生は言った。

「教育問題にもさまざまあるが、天理教の教祖さんはすごいね」

「どうして、そう思いますか？」

「すべて成ってくることを、神の働きとして捉《とら》えておられる。水の働き、火の働きから始まって、一切が天の理に基づいてこの世界は成り立つと……。これは教育学や心理学の立場から見ても興味津々だ」

「先生が命をかけてこられた教育という分野は、とくにどのような働きに基づくとお考えですか？」

「もちろん、十全の働きといわれるすべてにかかわるよ。そのなかでも、とりわけ引き出しの働きだろうね。教育という言葉には本来、教え諭すとか躾《しつ》けるとかではなく、人間が天から与えられているところの能力を引き出す、という意味がある」

そして、独り言のようにつぶやくには、

「面白いねえ。教育は、指導するとか教え込むというよりも、引き出すことなんだ。人間誰しも、無理やり詰め込まれたり強制されたりしたら、拒絶したくなる。逆に自分の内に秘められたものが引き出され、生かされたら、大きな歓《よろこ》びを感じる。大人だって一緒だよ」

「それをするには、育てる側、親や先生のほうに謙虚さが必要ですね……」

「その通り！　親や教師が育てるのではなく、いわば神様に育てていただくのだが、そのためには育てる立場の者が神の意に適《かな》っていなければならない」

「神の前に、ごまかしはきかない、と」

「大人には少々ごまかせても、神様と子供には、ごまかしがきかない。子供は実に鋭く親や教師を見ている。ただ、それを口に出して言わないだけだ。やはり子供は神様の使いだね」

「とすれば、神様は、子供を通して親の成人を促しておられるのだと……」

「もちろん！」

「ならば、親の恩を強調する前に、子供を恩人だと思わねばなりませんね」

「そうだとも。だから、なにか子供がつまずいたときには、その子を叱《しか》るよりさきに、そうした注意信号を送ってくれた子供に感謝すべきだよ」

「とすれば、親や先生にとって何より大切なことは、育て方の上手下手よりも、自分を省みる謙虚さだということになりますね」

◇

話は飛ぶが、後日私は、おぢばで臨床心理学の河合隼雄《かわいはやお》氏の講演を聴いたとき、「問題児とは、親や先生に問題を出してくれる子のことだ」という言葉に出合い、育てるとは育てられることだと合点したのである。

そのときの勉強会で話された、ある高校の先生の言葉を思い出す。

「学校や寮で、生徒が何か問題を起こしたとします。あとで分かるのですが、そんなとき、ほとんどが、本人の実家か教会でも何かトラブルが起きているのです」

ふしは、神の親心と悟りたい。人間、迷い悩むことは、精神の成長にとって欠かせないプロセスだと悟りたい。不安や苦痛のない、いわばふしを経験しない人間が、どうして自分の生き方を真剣に尋ね求めることができるだろう。

たとえそれが先の見えない辛《つら》い旅であるとしても、そのなかにも教祖の教えを素直に尋ね求め続けるならば、必ず豊かな実りを与えていただけるものと、私は信じている。

「人間は努力するかぎり迷うものだ」という古人の言葉に勇気づけられる。

若い人たちの惑いの季節を、生涯の大切な時と思い、声援を送りたい。

第六章 ゆりかごの歌

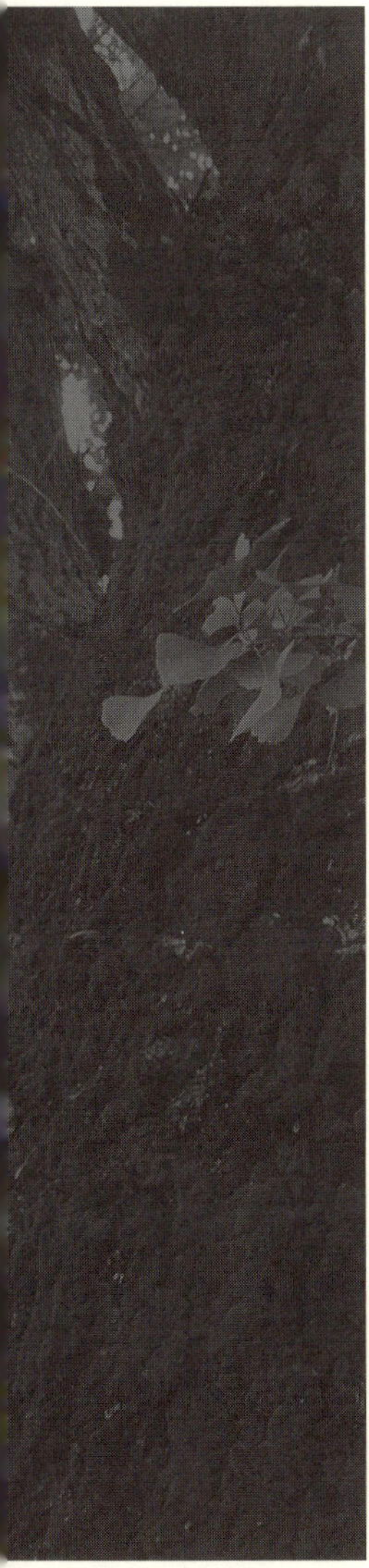

「児童虐待」防止の大運動を

さる七月三十日、大阪市のマンションの一室で、三歳の女の子と一歳の男の子の変死体が発見された。死後一、二カ月、冷蔵庫には食べ物のひとかけらも残っておらず、二人は裸で仰向けに倒れていた。

逮捕された母親は二十三歳の風俗店員。離婚し、子供二人を引き取ったが、遊び歩くうちに子供の世話をするのが嫌になり、六月下旬ごろ、子供二人を残し家を出たという。

新聞テレビに報じられたあのベランダのゴミの山、そこに若い母親の心の荒廃を見た人も少なくあるまい。結婚、離婚のいきさつは分からぬが、おそらく自分本位で、周囲の人たちとの間柄もうまくいかなかったであろうと推測する。

男性も女性も懸命に「婚活」に励む人たちがいる昨今だが、一方、いとも簡単に結婚し、あっさり離婚する若者も少なくない。

精神的にも社会的にも未熟なまま人の子の親となり、破局を迎えて社会に放り出される。もともと「自己中心」といわれる世代、支援者もしだいに離れてゆく。

そうでなくても、若い母親が幼い子をかかえながら働くのは容易なことではない。なかには子連れのまま別の男性と結婚または同棲《どうせい》という道を選ぶこともあるが、そこでまた新たな窮地にも陥りかねない。弱い経済基盤、狭いアパートで泣きわめく子、なかには反抗的な態度をとる子もいるだろう。この子さえいなかったら……、虐待の種はいたるところにある。

◇

『孤母《こぼ》社会』（講談社＋α新書）という本を書いた高濱正伸《たかはままさのぶ》氏は、現代社会に急所があるとすれば、その一つは「母親の孤独」であるという。

子育てとは本来、一人ですべきことではない。昔は地域社会や親類縁者から、さまざまな形で援助の手が伸べられた。ところが、そうした縁戚《えんせき》社会・地域社会が崩壊して久しい今日では、そのような自助システムは存在しない。

加えて現代の孤独な母親たちは、助けを求める声を外に向けて発しようとしない。「そんなこと、端《はな》から考えてもいない」と高濱氏は言う。それがきちんと大学教育を受け、一流企業での社会的訓練も十分な女性であっても、と。

言われて思い当たることがある。たとえどんなに遅くなっても、どんなに疲れていても、自分のことは自分でやってしまう。絶対誰かに頼むことはない。良くいえば自主自立、しかしそのため他者との距離がうまく取れず、ひとり孤独に陥ることもあり得る。「あの人、他人に頭を下げたくないのかしら」「人さまのアドバイスなど、聞きたくもないのだろう」と、要らぬことを勘ぐられてしまう。高濱氏は、これを「頼れない病」と呼ぶ。

それはやがて夫婦の間にも亀裂をもたらす。

子供の学力不振やひきこもりなど、問題行動の本質的な原因は母親の孤独、あるいは母親に孤独を強いる社会環境にあると高濱氏は言う。先日の新聞各紙は、日本のひきこもり七十万人と報じた。予備軍は、その二倍とも。

◇

ともあれ、いま大事なのは、一件でも二件でも虐待事件を未然に防ぐことだ。といって私たちが直接介入して問題解決、ということはまず無理であろう。けれども目の届く所、音の聞こえる所に関心のアンテナを張り巡らし、兆候を察知することはできる。いつも子供の泣き声が聞こえるとか、親の怒鳴り声が絶えないとか、要注意の信号を感じたら、勇気をもって通報したい。自分ができなかったら、誰かに相談してもよい。

しかし大事なのは、私たちは断じて隣近所のスパイではないということだ。最終目的は「おたすけ」にある。それだけに、平素からもっと教会の外に目を向け、近隣との良い関係、とくに助け合いの輪を広げてゆくことが大切だと考える。

◇

さて、このたびの事件で私が最もじれったく思ったのは、対応の生ぬるい大阪市の行政についてではなかった。道の信仰者としての私自身に対してである。

思えば四十年以前、青年会活動において「広く世界に働きかけよう」と謳《うた》い、新しいひのきしん活動の展開として「子供の環境づくり」というテーマに取り組み、それが今年で創設三十周年を迎える「ひのきしんスクール」誕生の萌芽ともなったのに、いまこの児童虐待という社会問題を前にして傍観者であっていいのかという思いが猛然と湧《わ》き上がってきたのである。

真柱様は、繰り返し家庭の団欒《だんらん》ということをおっしゃっている。それを掘り下げると当然、教育の問題、親の生き方、生への畏敬《いけい》、近隣の助け合い、その他すそ野はかぎりなく広がるわけで、そうしたことへの配慮なくして、このような事件はいつ、どこで起きても不思議でない。

ありがたくも本教は、教えの根幹をなす親子の理念、一れつきょうだいの教え、おぢば・教会という居場所、また、わが身の都合は後まわしにしてもというおたすけの精神、等々、児童虐待問題に取り組むに最もふさわしいものを持っている。

そこで私たち道の信仰者は、同信のお互いの絆《きずな》をいっそう強く結ぶとともに、もっと広く社会に目を向け、積極的にたすけの実践に取り組む使命があるのだと、あらためて心に銘じるのであります。

そこで、ここに僭越《せんえつ》ながら、全教的な児童虐待防止運動を提唱するものであります。

その進め方については次号に私見を述べ、皆さまのご意見を伺いたく存じます。

私にできることは何か

大阪市で三歳と一歳のわが子を灼熱《しゃくねつ》の部屋に置き去りにして飢え死にさせ、遊び歩いていた二十三歳の母親。なんともやりきれない思いで、腹を立てるのはよくないと思いながらも無性に腹が立ち、近隣の無関心、行政の手ぬるさ、そして何よりも、たすけ一条を標榜《ひょうぼう》しながら結局は傍観者に過ぎないのか、という自分への情けなさ。そこで、この誌上をお借りして、「児童虐待防止の大運動を」と呼びかけた。

何人もから丁寧なお手紙を頂いた。わざわざ詰所へ訪ねてくださった方々もいた。そのお気持ちが心強く、うれしかった。

◇

そこでまず今月は、「虐待の予防」について、その最も基本的なことを考えてみたい。最大の予防とは、そんな、子供を虐待するような人間をつくらないことだが、これは当人がどのような幼少時代を送ったかにかかわってくる。

『週刊現代』によれば、彼女の父はある県立高校の教師だった。スポーツの指導についてはかなり知られた存在だったらしい。彼は二十六歳で元教え子と結婚する。相手は二十歳。三人の女児が生まれたが、あるとき妻は子を三人とも連れて家を出ていった。心配で時々、保育園にわが子の様子を見に行くが、あるころから様子が一変した。服は汚れ、髪の毛は脂でギトギト。休日は「これでご飯を買って食べろ」と、母親から五百円玉一枚を渡されていた由《よし》。見かねて妻をいさめると、「もう子供の面倒は嫌や。あんたが面倒を見て」と。そこで正式に離婚となる。

このたびの事件後、父親は「娘は、実母にされた仕打ちと同じことを自分の子供にしていたように感じました」と言うが、先日テレビをひねると、偶然にもこの事件の張本人が、インターネット上の日記に書き込みをしたその文章が放送されていた。「まだやりたいこと、やらなきゃだめなこと、いっぱいあんねんもん」。舌がもつれたような甘っちゃくれたその言い回しに鳥肌の立つ思いだったが、なんとこれが子供を放置して家を出た翌日の書き込みなのだ。憑《つ》きものに憑かれたように、子供を放置しても「やらなきゃならないこと」とは何か、男と遊び歩くことだけか。

彼女の父は再婚するが、これも実らず、娘は次第に「不良」になってゆく。こうした場合、犯人探しをしたり、表面的な教育論に走りやすいが、大事なのはいんねんの自覚であり、その切り替えの道であると私は考えている。私たち一人ひとり、存在の根はそれだけ深いのである。お道の私たちはまず、親神様への祈念から始めたい。

◇

さて、その後私は、東京の高木書房という出版社の社長さんから一冊の本を頂いた。『一に抱っこ二に抱っこ　三、四がなくて五に笑顔』という書名。著者は北海道大学出身の小児科専門医・田下昌明《たしもまさあき》博士。

冒頭、次の言葉に出合った。

子育てというのは
自分が親に育てられたように

わが子を育てます
　親の子育てが
　　孫に伝わるということです

わが子に引き継がれた命
あなたは何を
子供に手渡していきますか？

このお医者さん、お母さんが妊娠したら、生命の意味をしっかり教えなさいと説く。「子供は誰のものなのか」「何のために子供を育てるのか」「どんな大人になってほしいのか」お道の私たちだって、そのことをしっかり伝えているだろうか。をびや許しを戴《いただ》くときなど、よい機会だ。それは生命の尊さを再認識するときである。

このドクターのおっしゃること、昔の天理教の先生の言葉そのままだ。曰《いわ》く、「親を立てなさい」「胎教大事」「抱っこ大事」「物を大切に」「人間同士の一番太いパイプは共感する能力」。

◇

もう一つ、ありがたい言葉があった。ある教会長さんからの手紙に、『ムック天理』四号のコピーが挿入されていた。作家・藤本義一氏へのインタビュー記事である。一部を紹介する。

藤本義一氏　「みきさんというのは、日本の女の典型ですね。なんといっても温かい。そして土の匂《にお》いがするということです。土俗性を失ってしまえば宗教としての活力はない。土の匂いを失っては、天理教はだんだん衰退していくだけですよ。そういう意味で、天理教は今まさに成長するか衰退するかの境目にいるのとちがいますか。天理教の人というのは、おとなしすぎますよ。素晴らしいものを持ちながら顔が生き生きしていない。それではだめですよ」

一冊の本と一枚のコピー。あまりにも符丁が一致して、「この世治める真実の道、自信をもってしっかりつとめなさい」との親神様のメッセージだと受けとめました。

お道の皆さん、私たちにできることは何かを考えて、どんなささやかなことからでもいい、まずはそれぞれの足もとから、できることを実践しませんか。

この運動は一人ひとりの小さな実践を積み重ねるわけですから、布教部に推進本部を立ち上げて、という趣旨のものではありませんが、ただ、ぜひ一つ、勉強してほしいことがあります。

それは、お道の教えを教語をつかわず伝える訓練を。

「ぼくにお水をください」

雅楽の東儀秀樹《とうぎひでき》氏のコンサートに行った。バイオリンの古澤巌《ふるさわいわお》氏との共演。しっかりした基礎の上に、従来の雅楽の垣根を越えて豊かな楽想が天空に舞う。プログラムに、「東儀家は、奈良時代から今日まで千三百年の間、雅楽を世襲してきた楽家《がっけ》である」とあった。これが千三百年の遺伝子かと、遠い奈良の都に思いを馳《は》せる。

わが家も東儀家の十分の一にも及ばないが、お道を信仰して百年は超える。それにしては進歩がないなと思う。

この夏、体調を崩して妻には世話をかけた。病院で点滴を打ってもらいながら、しみじみ考えたのである。妻の実家も入信百年だが、もし信仰していなかったら、このわがままな夫からさっさと逃げ出していたかもしれない。そう考えると、これまでついてきてくれた妻には感謝しかない。いや、妻よりもその両親のおかげだ。妻の父は大教会の入り込み役員である。しっかりしたいんねんの自覚を持ってつとめているから、陰ながら娘によく言って聞かせたに違いないのだ。

「夫婦はお互い、自分のいんねんを映す鏡だよ。夫に心を添えて、しっかりつとめさせてもらわなければ……」と。

◇

この夏、七、八月の新聞をまとめてめくってみる。

「ひきこもり七十万、予備軍百五十五万」

「二児置き去り一カ月　大阪・遺棄事件」

「児童虐待問題　一斉キャンペーン」

「百歳以上の不明者、二百七十九人」

これらの問題、根は一つである。

なかでも、児童虐待は痛々しい。警察庁のまとめでは、今年上半期に摘発された事件だけで、十八人の子供が親たちの虐待で死亡しているという。

『読売新聞』によれば、虐待を防ごうという市民の意識は高まっており、通報を受けて児童相談所が動いたのは昨年度四万四千件を超えると。十年前の約二・五倍。だが虐待の実数は、その何倍にもなるだろう。

どうしてこうなったのか。

数学者の藤原正彦《ふじわらまさひこ》氏が、『文藝春秋』（平成22年7月号）に「日本国民に告ぐ」という論文を発表した。それによれば、日本人はこれまで伝統的にもっていた「公」を大切にする美徳を失い、「私」の都合ばかりを優先するようになって、政治経済をはじめ至るところに質の劣化が見られるようになったと。

しかも、政治経済以上に深刻なのはモラルの低下で、子殺し、親殺し、無差別殺人。学級崩壊は日本中の小中学校で広く見られ、陰湿ないじめによる子供の自殺が普通のこととなった。

「わが国の直面する危機症状は、足が痛い、頭が痛いという局所的なものでなく全身症状である。すなわち体質の劣化によるものなのである」と氏は言う。

とするならば虐待の問題も、対症療法ではなく、もっと根本のところから取り組まなければならない。すなわち私たちの生きる目的は何なのかという元のいんねん、自分がいまここに存在する親子のいんねん、人間関係の基本である夫婦のいんねんなど、しっかりといんねんの自覚をするところから始めなければなるまい。

と言えば、この緊急事態に何とも迂遠《うえん》な感じがする向きもあるだろうが、根底においてそれが最も大切なことだと信じる。

◇

それにしても、今年になって虐待で亡くなった子たちの様子は哀れを誘う。

母親にはげしく折檻《せっかん》され、浴槽やトイレに寝かされ、洗濯機に入れて回されたり、最期は重いリュックを胸と背に負わされ、金具に縛りつけられて、心臓損傷で亡くなった福岡の五歳の少女。

東京の七歳の少年は体のあちこちに傷あとが見られ、訪ねてきた祖母を「おばあちゃん、泣かないで」と逆に慰めていたが、継父と実母の暴行を受けて死亡した。

兵庫県の五歳になる少女は、継母に「出て行け」と言われて、七キロ近い道を歩いて祖母の家を訪ね、その通報で児童相談所に一時保護されたが、児相は母親に改善の意思があると判断し、継母に帰した。その四カ月後、脳機能障害で死亡した。

埼玉の四歳の男の子は、満足な食事を与えられず、死亡時の体重は一〇キロ、同年齢の男児の平均より六キロも少なかったという。「ぼくにお水をください」と親に懇願する声が、壁越しに隣人女性の耳に今も残っているという。

こんな悲惨なことは、たとえ死に至らなくても一件でも少なくするよう具体的対応策を急がなければならない。

◇

虐待をする親の年齢は、ほとんどが二十代、三十代である。この世代は、わが国の高度経済成長が頂点に達したころの生まれだ。モノは豊かになり、使い捨てが当たり前。気に入らぬとすぐキレたり、つっぱる子も多く、校内暴力、陰湿ないじめ、「荒れる中学生」が大きな社会問題となった。

当時、私もさまざまな親御さんの相談に乗ったり、教会に子供を預かって一緒に生活したりもしたが、多くの場合、家庭が病んでいるという思いを強くしたのである。

そして今、病める家庭はますます増えている。

家庭の健康診断のポイントは三つあると私は考えている。
①夫婦の仲が良いか。
②老いた親を大切にしているか。
③金、金と、お金の虜《とりこ》になっていないか。
専門家は、虐待を生む背景には「貧困と孤立」があると言うが、しかしそれとて、離婚も含めて他者と協調できない自己中心的な生き方が孤立を招き、貧困にもつながっているように私は思う。次回は専門家の見解を伺ってみる。

親から子へ続くもの

このところ毎日のように報道される児童虐待に、私たちは何ができるのかを考え、それを三つの切り口に分けてみた。

第一は、そのようなことが起こらないようにという予防の面からである。

第二は、虐待の危険を早く発見し、それに対処することである。

第三は、心身ともに傷ついた子供やその家族に対するケアである。

いずれも一筋縄ではいかない。まして徒手空拳《としゅくうけん》にも似た素人の私たちに何ができるか。事は慎重を要する。気持ちだけが先走って、かえってこじらすこともある。

だが、そうしている間に私たちの周りでも、毎日、辛《つら》い思いをしている子や、しだいに心が荒《すさ》んでいく子がいるかもしれないのだ。そんな身近な周辺にも目を向けないで、おたすけ人だなどと言えるか。そう問いかける、もう一人の自分がいる。

◇

そこでまず予防という観点から、虐待を生み出す家庭について知りたく、一冊の本をひもといた。丸田桂子《まるたけいこ》著『虐待される子どもたち』（幻冬舎ルネッサンス新書）。丸田さんは小児科の診療所長だが、二十年にわたって児童相談所の嘱託《しょくたく》医も務めている。

「何年かの間に、あらゆるタイプの虐待を知ることになった私は、心がカラカラに乾いて人間不信に陥るようになった。医師としての無力感に苛《さいな》まれた。どうしたら、この子たちを救えるだろうか。考え続けた私は、少しずつ自分が見聞きした話を書き留めるようになった」という。

虐待は、大きく次の四つに分類される。

①身体的虐待
②性的虐待
③心理的虐待（夫婦などの家庭内暴力を児童に見せることも）
④ネグレクト（心身の正常な発達を妨げるような減食や長時間の放置、そのほか保

護者または同居人としての監督を著しく怠ること）

たいていは右のように明確に分類されるわけでなく、絡み合い複雑な様相を呈する。「身体的虐待を躾《しつけ》だと言い張る親、責任を放棄しているにもかかわらず、子どもを私物化して強弁する親、意識無意識にかかわらず暴言を吐いて子どもの心を傷つける親、わが子を性的対象にする親。まれに、そのすべてを兼ね備えた極悪な親もいる」

この本には、右の四つの例として五十一例の家族が登場する。そのうち離婚、非婚、蒸発、置き去りなどが三十九例。両親がそろっていた例は十、不詳二。両親がいても極端な英才教育の下敷きになったり、ばりばりのキャリアウーマンの母親に邪魔扱いにされたり、夫婦ゲンカの犠牲になったり、母親がクレーマーといわれる苦情や難癖つけの常習者で周囲から疎《うと》まれたり。「虐待する親は、おおむね社会の動きから逸脱してしまっている」と著者は言う。もはや家庭という名の親子の巣は、とうに失われてしまっているのだ。

◇

山梨県立大学の西澤哲《にしざわさとる》教授は『子ども虐待』（講談社現代新書）という著書のなかで、

「虐待してしまう親の心」に目を向ける。

虐待事件を、何という酷《ひど》い仕打ちをするのかと人は思うだろうが、「暴力はふるうまいと心に決めていながらも虐待してしまう親のほうがはるかに多い」と言う。

西澤教授は、一般家庭の母親六百五十人を対象に調査した結果、虐待に傾く心について次の七つの要因を挙げる。
①子育てには体罰も必要と思う
②子供より自分の欲求を優先しがち
③子育てに自信を失っている
④子供から被害を被っていると思う
⑤子育てに疲れている
⑥子育ては完璧でなければならないと思う
⑦子供に対する嫌悪感、拒否感がある
そして右の要因のうち、
・幼少期に身体的虐待を受けた母親は、わが子へも「体罰を肯定する傾向」がある。

・幼少期に親から放置された母親は、「子供から被害を被っている」と思いやすく、子供へのネグレクト傾向がある。
・幼少期に心理的被害を受けた母親は、「子供より自分の欲求を優先」しがちで、子供への身体的・心理的虐待およびネグレクトの傾向にある。

◇

以上、「人は自分が育てられたようにしか育てることができない」とも言えるが、西澤教授はそれだけでなく、たとえば体罰肯定者は、体罰を受けて育った「自分の人生を肯定したい」のではないかと言う。

また、暴力で子の内臓を破裂させた父親は、「何事にも自信がもてず情けない自分だったが、子供を叱《しか》っている時は別人のように強くなった気がした」と述懐した。

息子の手首を傷つけた母親は、「息子を見ていると、まるで小さいころの大きらいな私が目の前に座っているように見えた」と。

虐待の「虐」という字の語源は「虎《とら》」だそうである。虐待をする親たちを虎のイメージに重ねて一刻も早く退治しなければと思うが、一方また幼少のころ親から受けた心の傷が、今度はわが子への虐待として繰り返されるとすれば、あわれな虎の孤独や哀《かな》しみにも思い至るのである。おたすけ人なら、そこへ目を向けたい。

親から子へ、孫へ、連綿と続く世代の連鎖。喜ばしい連鎖は大いに伸ばすとして、負の連鎖を断ち切るにはどうすればいいのか。いや、私自身、気づかぬ間にも虐待まがいの態度をとっているかもしれないのだ。

昔からよく言われてきた「悪いんねんを切る」とか「親孝心」という言葉を、いまさらのように大切に思うのである。先人はどんなおたすけをしたのか、あらためて学び直してみたいと思っている。

ゆりかごの歌

昨年十一月に発行された青年会の『あらきとうりよう』誌（241号）が「虐待」を特集した。

その中で川崎《かわさき》二三彦《ふみひこ》氏（子どもの虹情報研修センター研究部長）は、虐待する親の要因として次の四つを挙げている。

①虐待する多くの親は、子供時代に大人から愛情を受けていなかった。

②生活上のストレス（経済不安、夫婦の不和、育児負担など）が積み重なって危機的状況にある。

③社会的に孤立化し、援助者がいない。

④望まぬ妊娠や、愛せない子、育てにくい子など、親にとって意に沿わない子である。

さてここで自分のことを白状すれば、私には八人の内孫がいる。どの子もかわいい。右に挙げたような虐待の要因など一つもない、と思っている。

孫たちについては、べつに優秀でなくてもいいから気だてが良く、勉強はせめて読み書きと算数だけはしっかりという念願がある。そのためには最低限の生活マナーや学習の習慣づけを、と意図していた。

ところが孫たちにとっては、爺《じい》さんのその親心（？）がありがた迷惑らしい。夕づとめが終わって、「ドラえもん」や「サザエさん」を見たいというときに机の前に座らせられたら、余計なお世話と言いたくなる。しだいに呼んでも来なくなる。爺さんは爺さんで「なんだいこの成績は。だから毎日勉強しようと言ったろう」と、かわいさ余って憎さ百倍、時にはゴツンとやりたくなる。それはこちらの心にゆとりのないときだ。人はそれを虐待とは言わないだろうが、孫たちは虐待と受けとめるかもしれない。

川崎氏は言う。全国児童相談所長会の調査では、たとえ重症事例であっても、保護者が虐待行為を否認したり、行為は認めても虐待ではないと言い張る例が、合計すると四割を超えるという。自分には虐待の意識がなくても、つい虐待まがいのことをしている場合もあるのだ。

◇

学生時代に聞いた教育心理学の教授の言葉を思い出す。「子供は、良くしようと思えば悪くなる」。勉強のおもしろさも教えないで結果ばかりを焦るわが身を省みて、いまさらのように耳が痛い。

この先生、国立大学の教育学部長で定年を迎え、その後ゆえあって私どもの教会へ半年ほど住み込み、よふぼくになった。

早朝、ハチマキ姿でトイレ掃除に励み、朝づとめまでの間、本を読む。愛読書は『稿本天理教教祖伝逸話篇』。

「天理教の教祖さんって素晴らしいね。このお方こそ本当の教育者ですよ」と言う。とくにいつも口にしていたのは、逸話篇の四五「心の皺《しわ》を」と、一三二「おいしいと言うて」のお言葉。

「心も、皺だらけになったら、落とし紙のようなものやろ。そこを、落とさずに救《たす》けるが、この道の理やで」

「皆《み》んなも、(魚などを)食べる時には、おいしい、おいしいと言うてやっておくれ」

◇

『あらきとうりよう』誌に登場する方々も同じ趣旨のことをおっしゃる。

虐待する母親を支援する森田《もりた》ゆり・立命館大学客員教授は、「『教会に行けば分かってくれる人たちがいる』という繋《つな》がりは、虐待をする親にとって、すごく大きな力になると思います」と。

座談会で若狭佐和子《わかささわこ》さんは、「子育ては偉業だと思うんです。『子育ては大変だけど、それをしているあなたは本当にすごいよね』と、その親を尊重し、認めながら接することが大切だと思います」。

「虐待をしているといっても、年がら年中しているわけではありません。そこで、虐待をしていない部分を認めていくんです。褒《ほ》められるのは誰でも嬉《うれ》しいですからね」

と、林久郎《はやしひさお》さん。

「地域に根差している教会や、あるいはお道の人がおせっかい役になったらいいと思うんです。『昨晩、遅くまで子供の泣き声がしていたね』とか『けんかしていたみたいだけど大丈夫？』とか、そういう声をかける」と、早樫一男《はやかしかずお》さん。

「とにかく何度も何度も訪ねては断られ、訪ねては断られ、飽きずに懲《こ》りずに繋ぎきることが、神様にお受けとりいただいて、教会への運びとなると思います。無駄が決して無駄ではないのですね」と、渡部恵美子《わたなべえみこ》さん。

◇

二〇〇九年四月、北九州市で三十九歳の男性が孤独死した。餓死とみられる。便箋《びんせん》にひと言、「たすけて」と記されてあった。

これに注目したＮＨＫ取材班が追跡するうちに、いま三十代のホームレスが増え、しかも「たすけて」と言えない人たちが数多く存在することが分かってきた。取材に協力したＮＰＯ法人北九州ホームレス支援機構の代表者・奥田知志《おくだともし》氏は、そうした人たちに封書を渡す。中に「あなたは独りではない」という手紙と、一枚のテレホンカードが入っている。

支援活動をするうちに、三十代に共通の心情が見えてきた。一つは強いプライド、もう一つは簡単に孤立状態に陥ること、つまり一人でいるほうが心地いいということ。だから奥田氏が自宅に連れてきて世話しようとしても、ほとんど居着かない。

だが、そこで再起した人がこう言った。

「奥田さんの家族との生活のなかで、当たり前のことが、毎日、自分に元気をくれたんです。ちょっと買い物の手伝いをしたり、飯作ったり、風呂掃除したりしたとき、〝ありがとう〟って言ってもらえたり、〝おいしい〟って言ってもらえたのが、正直……嬉しいんです。人は一人では生きていけないなぁって思えたんです」（以上、文藝春秋刊『助けてと言えない――いま30代に何が』より）

人間には伴走者が必要なのだ。虐待する親たちにとっても同じこと。教会は矯正《きょうせい》の場でなく、生まれ変わる所だと考える。生まれ変わるには産婆《さんば》さんが要るし、ゆりかごもほしい。ゆりかごには、長い眼《め》で温かく見守り続ける人もまた。

第七章
身上事情哲学道場

『寺よ、変われ』を読む①

一冊の本が私を書店に走らせた。岩波新書『寺よ、変われ』。寺という文字が「教会」の二文字と重なったのである。

著者の高橋卓志《たかはしたくし》氏は、長野県松本市にある臨済宗神宮寺《りんざいじんぐうじ》の住職である。「世襲のレールに乗り、仏教のことなどわかるはずもない小学三年生で得度《とくど》（出家）し、六年生で初めて『ころも』を着てお盆法要に出た」という。

葬儀という悲しみの儀式に、故人のことなど何も知らず、遺族の悲しみなどとは無縁の中学生が、いくつかのお経が誦《よ》めることと寺の跡取りというだけで、導師を補佐する役僧《やくそう》を務める。「お前の家は、人が死んだら儲《もう》かる」という同級生の言葉が、大きな屈辱感となり、後々まで心の傷として残った。

坊さんにはなりたくないと真剣に思った。大学でも仏教学ではなく史学を選び、それでも大学院を中退して宗派の専門道場に入門するが、その間二年、「早くここを出たい」という思いだけが胸に充満していた、と。

だから寺へ帰っても、このままこの寺で葬儀・法事を続けながら一生を終えるのかという思いが、心身の気だるさを増長させ、お通夜の時間が近づくと突然頭痛や腹痛に襲われるなど、不登校とまったく同じ症状が現れた。死を生活の糧にするコンプレックスに縛られていたという。

◇

そんな坊さんが、どうしてこの本を書くに至ったか。それこそが本書の主要テーマでもあるが、事は一九七八年、三十歳のとき、本山妙心寺《みょうしんじ》の管長・山田無文《やまだむもん》老師のお供で、ニューギニアの島への慰霊行に参加したことに始まる。

数千の兵士が壮絶な死を遂げたビアク島の洞窟《どうくつ》で、遺族の慟哭《どうこく》を目の当たりにして、「その瞬間、私はそれまで平然と死者の前で誦んでいた『経』を誦むことができなかった。寺に生まれ寺で育った環境の中で身についた私の仏教は、そこでは何の役にも立たないばかりか、完膚なきまでにたたきつぶされていた。それまで私は、常に安全な場所に自分を置き、知ったかぶりをして法を説いていた。そのような怠惰で欺瞞《ぎまん》に満ちた私の生き方に、洞窟の兵士たちは引導を渡してくれたのだ」

それに導かれるように、チェルノブイリ原発事故の被爆者や、タイのエイズ患者への支援、国内でもターミナルケアや地域高齢者ケアへと活動は展開していく。

しかし、単なる社会活動家ではなかった。

「『苦』の現場に身体《からだ》をねじ込め、そして『苦』を真正面から見るのだ。そうすれば坊さんとは何をする人なのか、寺とは何をする場所なのか、そしていのちとのかかわりをどうとるかが必ずわかってくる」

南の島で亡くなった無数の兵士たちの声なき声を、そう聞いた。

そして仏教者としての自身の立脚点を「共苦」、寄り添うことに置いたという。

◇

古来、仏教は人々が抱える「苦」や「悲」や「痛」にかかわり、それらを緩和解消する力を保持していた。人々はそれらを具現する寺や坊さんに信頼を寄せてきた。しかし現代の仏教に「苦」を緩和する力はない。なぜなら、教えを具現化する手立てを持たないから、と著者は言う。

その原因の一つに、世襲の問題がある。寺で生まれた子の多くは宗門立の大学を出て、宗旨に基づいた専門教育を受けるが、真剣に仏教を理解しようという意欲を持つ者は少ない。世襲するための条件として大学に在籍するのである、と。

そして現実に「苦」の現場を見たこともなく、「苦」が充満する世界に関心も示さず寺へ戻った彼らの多くも、葬儀や法事には、仏の教えを語らねばならない。自分の能力や経験が仏教という巨大思想を前にして役に立たないことを自覚することもあまりなく、それに近づこうとする努力もなく、〈家業〉として檀家《だんか》に赴く。

著者は言う。「まともな感性が少しでもあればそのジレンマに耐えられないはずだが、そこに行き着くまでに多くはその思考を停止する。あるいは、その件はスッパリと割り切り『おがみや』に徹する。思考停止状態では、人々のこころに訴えかける真実の言葉が出てくるわけがない。『苦』や『悲』や『痛』の現場で七転八倒し、もみくちゃにされ、苦しんだ挙句《あげく》に得た体験が真実の言葉となって発せられるのだ」と。

◇

さて、お道の私たちは、これをどう読むか。

「思案して心定めてついてこい」と教祖はおっしゃるが、自分の意志とは関係なく幼くして得度させるお寺のしきたりに、私自身を重ねてみた。早くから当然のように教会の後継者とみなされ、さりとて、その意志も固まらぬまま進路決定を迫られる。うっかりすると、教会も思考停止の若者を生み出しかねない。しかも、本人も周囲もそれを〈素直〉と錯覚しやすい。

だが、親から子への信仰の継承は、この上もなく大切なことである。それには早くから心をうつさねばならない。その心を培う場は、まずは教会であろう。もちろん、教会がおたすけの場であり、陽気ぐらしの道場であってこその話だが。

そこで留意したいことがある。仏教の教えの根幹にある「苦」の世界観、それと対《たい》峙《じ》する気持ちで「天理教は陽気ぐらしだ」といくら叫んでも、底の浅い空虚な響きにしか聞こえない。教祖のひながたに拝するように、「苦」をしっかりと受けとめてこその陽気ぐらしなのである。

ところが最近、教会で教祖のひながたが語られることが少なくなった、という指摘がある。言われてみれば思い当たる。教会はおたすけの現場になっているだろうか。行事や会議だけの場になっていないか。

それなら教会は、どのように今日的な課題と向き合うのか。『寺よ、変われ』を手がかりに、次回に考えてみたい。

『寺よ、変われ』を読む②

この本のなかで、著者は二〇〇八年七月十四日付『ニューヨーク・タイムズ』の記事を紹介している。外国メディアが、秋田県男鹿《おが》地域の寺を取材したもので、「日本において仏教は死滅しつつあるかもしれない」という意味のタイトル。要点はこうだ。

①日本では葬式や法事などを仏教がほぼ独占してきた。生者より死者に多くかかわる葬式仏教、いまそのことが、仏教の足元をゆるがす原因になっている。

②寺は家族経営であり、それは消え去る。理由は、後継者がいないこと。また田舎は人口流出に悩み、老人は早晩死ぬが、生まれる子供の数は少ない。次の世代には多くの田舎の寺は閉じるだろう。一方、都市部では寺との結びつきが弱く、寺への関心も薄い。

③加えて近年、葬儀の寺離れが顕著である。葬儀会社へ頼めば、会場の準備からお布施の安い専属の僧侶まで、一切を整え、してくれる。さらに今日では無宗教の葬儀や、火葬だけで事を済ます直葬など、葬儀の多様化がすすんでいる。

◇

天理教の教会では、葬儀への依存度が仏教ほど高くないから、この警鐘をどこか他人事《ひとごと》のように受けとめる向きもあるだろうが、次の一節を読んでほしい。

「住職に不満をもちながらも、容易に寺を替えることができない。あるいは菩提寺《ぼだいじ》の在り方を支持できなくても、そのことを直接言い出せない檀家《だんか》の姿がある。寺と檀家との間に対等の関係性は成り立っていないのだ。それゆえに、檀家は家族が死んだときだけ、法事のときだけ寺とかかわればいい、と割り切る。一方、寺にとってもそのほうが圧倒的に楽なのだ。しかし、このことは伝統仏教に訪れた重大な危機ととらえねばならない。伝統仏教は、あまりにも長く、あまりにも怠惰に檀家システムの上に胡座《あぐら》をかいていた。その間にシステム疲労は蓄積し、一気に檀家システムは流動化し崩壊に向かっていく可能性がある」

右の文の傍点の部分、「檀家システム」を「理の親子関係」という言葉に置き換えて読んでみてほしい。本来、お道において、理の親子関係は「信」に結ばれた強い絆《きずな》であり、そこに流れる熱い血潮が信仰に生命を与えてきた。しかし、それが形骸化《けいがいか》したら、どうなるか。

◇

もっとも、檀家の寺離れは葬儀形態の変化だけが原因ではない。お寺と檀家が、葬儀以外に日常の接触が少ないことや、住職への不信感などがその背景にあるという。いま各本山が設置している相談室へ檀家からの訴えは直通で来るそうだが、住職への苦情が四割以上を占めるとか。たとえば、

- 約束を守らない
- 飲酒や喫煙のマナーが悪い
- 異性との交際問題
- ぜいたくな生活
- 常識外の布施の要求

・借金をして返さない
・お経を平気で間違える
・掃除や朝のお勤めをしない
・檀家の悩みを聞かない
・布教活動をしない
・宗教法人としての自覚なく公私混同

と本書に挙げられている。

◇

もちろん、葬式仏教のイメージでは、「人々の精神的渇きに応えない」と、危機感を持つ僧侶も少なくない。「いま行動しなければ、日本仏教は死に絶える」と焦る。なかには、何かをしなければという思いから、ホスピス病棟などでスピリチュアル・ペイン（魂の痛み）の緩和に携わろうとする人たちもいるが、著者は言う。「近年、スピリチュアル・ケアに坊さんがかかわるのは、スピリチュアルな部分は自分の専門領域だ、と思い込んでいることによる。だから死の瞬間を間近に迎えようとしている人々の心的状況に、自分の専門領域の仏教を重ね合わせ、痛みの緩和にかかわろうとするのである。その方法として、患者さんのベッドサイドに立ち、患者さんと向き合うことになる。しかし、その場は、複雑で、事前に整えるべきことは多い。そこに至るまでにやらねばならない仕事が山積しているのだ。その準備不足のため、多くの場合、その場で最も必要とされる『傾聴』ではなく、『説教』が使われる」

果たして人生の終末期に僧侶は必要なのか。そうした疑問を抱いて、著者はホスピスの源流であるアイルランドやイギリスへ飛ぶ。その地の先駆的なホスピスを巡るなかで、「宗教者のかかわりは必要ない」と異口同音に断言されたという。そして「スピリチュアル・ケアには、安易にかかわらないほうがいい」という結論に至った。「死後の葬式より、生きているうちに顕《あらわ》れる、苦しみ、痛み、悲しむ場面を救ってくれ、と彼らは言いたいと思うのだ。それら身体的・社会的な問題に対して丁寧に対処し、起きてきた問題について解決する方策を探るうちに、互いの信頼感が醸成され、少しずつ胸襟《きょうきん》が開かれ、その中から、いのちの核心となる問題が姿を顕してくる。いかにそのニーズが宗教的なものであろうと、バックグラウンドを整備しないで取り掛かることは非常に危険だ」

著者のこの意見に、私も同感である。もちろん病む人や死に行く人への対し方はよく学ぶ必要があるし、経験も大切だ。それとともに、出直しの教理や、「つとめ」や「さづけ」というたすけの手立てを頂いている道の者の幸せを思う。

ただ、その手立てをもって親神様にお働きいただくには、この著者の言うように、常日ごろのかかわり方が大事なのだ。

教会に在る者として、信者さんに対し「いつもあなたのほうを向いていますよ」と言える自分でありたい。信者さんにもまた、「私も教会家族の一員だ」と思ってもらえるような教会づくりをと念願する。これは、お道の教会ならではの長所ではあるまいか。

そこで次回には、信頼される教会、社会に開かれた教会、そのための教会相互のたすけ合い、という三本柱について考えたい。

『寺よ、変われ』を読む③

「21世紀の仏教を考える会」というグループが檀《だん》信徒を対象に調査をした。「寺に何を求めるか」。トップ5は次の通りだった。

・お寺は今日の生き方を教えてほしい
・寺院を地域に開放してほしい
・僧侶の所行（おこない）を正してほしい
・檀家制度の改革
・葬儀や仏事のやり方に工夫を

一方、ライフデザイン研究所が、一般の人々にアンケートをとった。「寺は自分にとってどんな所か」。トップ3は、

・お葬式や法事をする場所　五六・二％
・仏さまを拝んだり、祈願する場所　三九・九％
・お墓や位牌《いはい》などを管理している場所　三八・〇％

檀信徒の「今日の生き方」との求めに対する回答は、一三・二パーセント、「困ったときに相談する所」に至っては、わずか〇・三パーセントにすぎなかった。

◇

今の寺は仏教本来の使命を果たしていないという危機感と、一歩寺の外へ出て直面した「苦」の現実。著者の高橋卓志氏は、苦と向き合う拠点としての寺を目指して実に多彩な社会活動を展開する。

これに対して、同業者からの批判が絶えない。曰《いわ》く、「おまえは本来の寺の仕事をやっているのか」「寺はイベントをする場所ではない」「NGOや高齢者介護などは寺が行うことではない」。

ご本人は、葬儀・法事・朝の読経《どきょう》など、いわゆる寺の仕事を最優先としてやっているうちに、さまざまな仕事が付随し、多方面に展開していったと言うのだが。

高橋氏によれば、仏教者には保持すべき三つの主義があるという。
第一は、原始仏教への回帰や解脱《げだつ》へ向かう修行中心の原理主義。
第二は、信念を得て、信仰中心の生活に向かう信仰主義。
第三は、「苦」の現場で、その緩和解消に努める社会対応主義。

◇

この三つは、教会のあり方を考えるうえにも、手掛かりを与えてくれる。

お道は、たすけ一条の信仰である。したがって広く世界へ働きかけることが求められる。しかし教祖のひながたを拝するに、決して社会的な活動や、大勢の群集を相手の説教などで救済を図られたのではない。むしろ一人の胸から胸へ、一対一の差し向かい布教が基本ではなかったか。そして、その信仰は、日常生活のなかの実践によって培われる。それを支えるのは神一条の精神、教祖回帰の絶えざる内省である。

そう考えると教会は、たすけや育てのうえに大切な意味をもつことが分かる。

教祖は、神と人間の関係を「親子」という言葉で、人間同士の間柄は「きょうだい」と表現された。そのことを本当に心して通るなら、家族の絆《きずな》が弱まり、人と人との結びつきも薄れている今日、お道の教会は「親神様の子供みんなの家庭」として社会的にも大事な役割を果たすだろう。

これは天理教教会の大きな特色であり、強みと言えるが、そのような教会には共通するいくつかの特徴がある。

たとえば、①教会の主《あるじ》は教会長でなく、親神様、教祖であるという認識 ②内々の仲の良さ ③笑顔 ④気さくで世話好き ⑤聴き上手 ⑥噂《うわさ》話や陰口がない、等々。できれば、誰か会長家族以外の人を置ける教会であればなお結構だ。部屋がなかったら、通いの青年さんであっても。

◇

では、社会に開かれた教会とは何か。

たとえば、私どもの教会は、町内の寄り合いや行事その他に、教会の施設や人手を全面的に提供している。町内会長さんもまた、教会の一員だ。だが、それだけで社会に開かれた教会だとは思っていない。

その点、かつて私は教会長として、どうしても母に敵《かな》わぬものがあった。

私事になるが、母は終戦の年に夫に先立たれ、以来三十数年間、二十人からの教会家族を抱え、教会長として勤めてきた。私はすぐに「教会はいかにあるべきか」などと建前で考えるが、母は身近なところから本音で発想した。いつか、母がキリスト教教会の役員さんに話した言葉を思い出す。

「牧師さんの米びつを覗《のぞ》いたことがありますか。だまって、お米を入れてきますか」

自分が苦労しただけに、人の心の機微が分かった。子供から大学教授にいたるまで、事情ある人を受け入れ、生活を共にした。町内の人たちから「天理教の母さん」と呼ばれ、誰とも気さくに接し、津軽弁で信仰を語った。生きることの喜びや悲しみ、人間としての共感が教祖の教えと結びつき、母を動かした。社会に開かれた教会の核心は「共感する感性」だと考える。

◇

さて最後に、『寺よ、変われ』の著者に厚くお礼を申し上げたい。道を歩む一人として、考えさせられることが多かった。

ただ、仏教を知らない私には、救済観について疑問が残る。著者は「苦の緩和、消滅を目指す」と言う。しかし、戦争や犯罪など人為的にもたらされた苦は論外として、生老病死にともなう根源的な苦に、「緩和、解消」という視点だけでいいのだろうか。

私たちの教祖は、そうした苦のなかにも親神様の親心が秘められていることを教えてくださった。ふしから芽が出る、苦を喜びに転ずる陽気ぐらしの信仰を。

もちろんそのためには、おたすけ経験者や専門分野の人のアドバイスや、一人のたすけのために多くの人の合力がなされるような態勢づくりが必要だ。

そしてそれ以上に大切なのは、系統でも地域でも、教えに基づいた「理の思案」がもっと積極的に、熱意をもって語られることだ。親神様の親心をより深く悟るために。

ペットを飼う教会は…

わが輩は犬である。生まれた所はとんと見当つかぬが、今は天理教の教会に、いや、正確には教会の玄関に飼われている。

めったに人が来ない教会だが、先日めずらしく数人のオバさんたちがやって来た。玄関を開けた瞬間、わが輩が寝そべっていたものだから、みなゾッとしたらしい。出迎えた奥さんが慌ててお客の履き物を下足棚に上げた。犬が外へ持ち出したらいかんからと、わが輩のせいにしたが、ナニ、じつは狭い玄関に図体《ずうたい》の大きな犬がいては靴の脱ぎ場もないのである。

会長さんのハッピに大きな綿ゴミのようなものが付いていた。それが、わが輩の抜け毛の固まりだと分かった途端、オバさんたち、出されたお茶もそこそこに、一刻も早く立ち去りたい気分になってしまった。

犬のおまえにどうしてそんな人間の心が分かるのかって？　分かるとも。そのくらいのことが分からなくて、犬がつとまるか。

さて、わが輩はそのことを別な教会に飼われているワン先輩に話した。ところが、

「俺《おれ》もそのことで悩んでいるんだ」と浮かぬ顔。

聞くとワン先輩の教会は、家族そろって参拝する信者さんが多いことで有名だったそうだ。しかし、彼が教会へ来たころから次第に参拝者が少なくなり、今では本当に寂しい教会になってしまった。

はじめは、世代交代の過渡期現象で、そのうち回復するだろうとみな思っていた。だが、ある熱心な信者さんたちの会話を聞いたワン先輩は愕然《がくぜん》としたという。

「教会のなかを犬が歩いて、まったく神様不在の教会になってしまったなあ」

「教会で犬を飼っている間は、もう教会へは来ないことにする」

猫とて事情は同じこと。別の教会の話だが、会長さん家族は猫が大好きで、さすが神殿には来させないものの、茶の間でも台所でも自由にさせている。信者さんたち、

あちこち猫の毛が付着している所でとても食事をする気になれぬのか、今では早々に退散するそうな。

「信者さんたち、どうして会長さんに言わないのだろう」

「それを気軽に言える教会なら問題はないよ。たいていは言うよりも、いっそ教会へ行かないほうがいいということになる」

「怖いねえ。次第に寂しくなっていく孤独感に耐えかねてペットを飼うのだろうか」

「癒《い》やしかい。人の心を癒やすべき立場の人が、犬や猫で癒やされようというの?」

◇

以上、最近見聞きしたことを夏目漱石の『吾輩《わがはい》は猫である』の筆法をかりて犬に語らせた。言いたい結論はただ一つ、「近年、世間のペットブームに影響されてか、犬や猫を飼う教会が増えているようだが、自粛するべきではないか」ということ。

理由は簡単である。教会は会長さん個人の家ではない。信者さんみんなの教会である。そのなかには犬や猫が好きな人もいれば嫌いな人もいる。お寺の本堂や庫裏《くり》、神社の拝殿なども犬や猫がうろついていたらどう思うか。公私を混同してはいけない。

もし、どうしても飼わなければならない事情があるなら、来訪者に恐怖感や不快感を与えぬよう細心の注意を払わねばなるまい。

私は決してそれら動物を差別したり嫌っているのではないし、小動物を愛する人は根は心の優しい人たちだと思っている。ただ、教会として大事なことを見失っていないか、と申し上げたいのである。

これはつい最近耳にした話だが、信者さんが少ないその教会は、毎日の神饌《しんせん》に煮干しをお供えしていた。ところが夕方お下げする段になるといつもそれが消え失せている。不審に思った会長さんが密《ひそ》かに見張っていると、三匹の猫の仕業だった。ハッと悟るものがあった。

神殿には結界があって、神の領域と人間の領域が分けられている。動物はたいてい特有の勘からめったに聖域には近づかぬものだが、煮干しを失敬する猫の姿に、教会をあずかる自分が心の結界を見失っているのではないかと気がついた。本来おたすけ人ならば、心を神の領域に置かねばならぬのに、つい人間思案にとらわれていなかったか。そのことを深くお詫《わ》びをし、あらためてたすけ一条に心を定め直して通るなかに、不思議なおたすけを次々と頂き、今では本当に活力のある教会になったと。

◇

漱石門下の寺田寅彦《てらだとらひこ》に「子猫」という随筆がある。自宅に舞い込んだ二匹の野良猫に始まって、都合何十匹という猫の面倒を見るに至った顚末《てんまつ》を記したものだが、その結びの部分に次のような言葉がある。

「私は猫に対して感ずるような純粋なあたたかい愛情を人間に対していだく事のできないのを残念に思う。そういう事が可能になるためには私は人間より一段高い存在になる必要があるかもしれない。それはとてもできそうもないし、かりにそれができたとした時に私はおそらく超人の孤独と悲哀を感じなければなるまい」

しかし、私たちは、「人間より一段高い存在」にはなれないとしても、その存在を尊び、その声に従順であろうとすることはできる。

余談だが、先般の衆議院選挙で感じたことの一つは、これまで何かの権威に寄りかかったり、「なあなあ、まあまあ」の世界に甘んじたりしてきた人も、これからはそんなことが許されないのではないか、ということだった。窮屈なようだが、それも大事なことだ。教会も社会に存在する以上、人々の社会生活を尊重するのは当然のことだ。

そのうえで私たちは、たとえどんなささやかな事からでも、日々教祖にお喜びいただける教会でありたいと念願するのである。

説得と納得

この冬、日本海側は大雪に見舞われた。一月、ある大教会が春季大祭に仕立てた臨時列車が山形県の鶴岡《つるおか》駅で立ち往生し、前途約三百キロ、急ぎバス輸送に切り替えた。それを聞いた私は、開通して間もない東北新幹線で無事に青森へ着いたはいいが、外は視界ゼロの猛吹雪。「雪はふる！　雪はふる！　見よかし、天の祭《まつり》なり！」と歌った詩人がいたが、この大地に舞い上がる地吹雪は、祭りならぬ狂詩曲だ。

雪の降る夜は楽しいペチカ
ペチカ燃えろよお話しましょ

童謡に歌われるこの情景、雪が多いほど、外の寒さが厳しいほど、家族団欒《だんらん》の温かさが伝わってくる。だが今日、そのような舞台設定ができる家庭がどれだけあるだろう。ペチカの意味も知らず、赤々と燃える囲炉裏《いろり》も見たことがなく、薪《まき》ストーブさえも少なくなった。そして子供の数も減って、いまやこの歌は遠い昔のお話か。

むしろ、お年寄りや病人さんのいる家庭では、来る日も来る日もしんしんと降り続く雪は恐怖でさえある。

先日も、教会の朝づとめ直前に電話が入った。「助けてください、からだの具合がおかしくて起きられないのです」。八十五歳の一人暮らしのご婦人からだった。とりあえず青年さんに急行してもらったが、夜中にブルドーザーが除雪して、玄関前には雪の山が残される、厚く積もった屋根雪も気にかかる、あれやこれやと思っただけで疲れてしまったらしい。たった一人の娘さんは関東地方に嫁いでいる。時々会いには来るが同居は難しい。

私は『教区報』に書いた。無縁社会という言葉を持ち出すまでもなく、まず、それぞれの教会は信者さんの家庭をしっかり見守ってください。必要あれば上級教会や支部で助け合いの手立てを考えましょう、と。

信者さんだけを世話して、それで一れつきょうだいと言えるか、という人がいる。

格好は良いが空論である。自分の教会の信者さんのお世話もできないで、地域社会に何ができるか。

◇

大きなことを言うより、現実は教会そのものへの支援が必要なことさえある。

一月三十日、「宗教法人の売買横行」の見出しが朝日新聞の一面トップに踊った。「三千百万円、宗教法人が入荷しました」などと、インターネット上で堂々と取り引きされることもあるという。ほとんどが活動実態のない休眠法人だそうだが、幸いというか当然というか天理教の名は出てこない。宗教法人課の指導のもと直属や教区で対処しているからだが、教会が信者さん家庭を見守ると同じように、教会に対する支援も急務である。

以前このページで『寺よ、変われ』という岩波新書を紹介したが、その本で痛感したことの一つは、檀家《だんか》がお寺に期待することと、お寺が檀家に求めるものとの間に大きなズレがあるということであった。

昨年のこと、ある教会の二人の老役員さんと一杯やって、夕方、自宅へ送る車に私も同乗した。お二人とも子供たちは仕事の関係で遠いところに住み、今は夫婦だけの生活だが、両家とも奥さんは施設に入ったり出たり。北国の晩秋、薄暗くなってうすら寒いわが家に戻っても灯がともっていない、「お帰りなさい」と迎える人もいない。似通った境遇のお二人に、教会で歓談していたときとはまったく別のわびしさを感じた。

長い付き合いでよく知っているつもりだったが、実はその半面しか見ておらず、こちらの思いだけで話していたことに気がついて、私は心の中で詫《わ》びた。そうした現実を知らず、ただ「がんばりましょう」では、なかなか相手の心に届かない。

◇

高校時代、国語の教科書で知ったのだが、ヒューマニズムの語源はフマニタス、もともとは「おせっかいをやく」という意味で、それが次第に「人間を大事にし、尊ぶ」という、日本語でいえば人道主義という言葉になったのだと。お道の教えと人道主義とは多少ニュアンスが異なるが、人間を大事にするという点では共通している。

相手を尊ぶには、よくその心情を汲《く》み取らなければならない。豪雪の問題ひとつにしても、境遇によってみな受けとめ方が異なる。おせっかいをやくほど付き合いを密にして、虚心に相手の声なき声を聴く。相手の気持ちが納得できてこそ、こちらの言うことをも納得してもらえる。

もちろん、そこへ至るまでにはさまざまのプロセスがあって簡単ではない。私などは、説得しようという思いが先に立って、なかなか相手に納得してもらえない。優秀なセールスマンは、みな聞き上手だという。

いま、布教の促進が急務である。が、発信にばかり気を取られて受信をおろそかにしたならば、聞いてもらえない。しかも布教者は、ただ耳で聞くのではなく、心で聴かなければならない。それには、わが心を耕し繊細な感度を培うほかない。

◇

と、そんなことを考えていたら、うれしいニュースが入ってきた。

昨年来、タイガーマスクこと伊達直人《だてなおと》が話題になっているが、それが天理養徳院へも来たと、読売新聞の地方版に大きく出た。そして今度は朝日新聞の「天声人語」に取り上げられ、全国に報道された。

このタイガーマスクは、実は養徳院内の先輩たちで、自分も食べたい盛りなのに後輩にプレゼントしたのだと。つまり養徳院の伊達直人君たちは、わが身に覚えがあったからこそ後輩の気持ちを察し、行動をもって、優しさを表現したのであろう。

身上事情哲学道場

十月、お道の信仰者には、忘れられない立教の元一日だが、私にとって今年の十月は格別その感が深い。

というのは、北海道にある私どもの部内教会から、この十月に創立九十周年記念祭を執り行うが、ついては記念誌を発行するので手伝ってほしいという依頼があり、私は二つ返事で受けた。

それは、私自身にとっても足跡を振り返る格好の機会であった。

その教会は、大正十四年に設立のお許しを頂いた。教祖四十年祭の前年、教勢倍加運動のさなかだった。

初代さんは、札幌市の郊外に住むレンガ職人だった。一人娘が法定伝染病の疫痢《えきり》にかかり、医者から匙《さじ》を投げられた。だが、悲嘆に暮れる両親を見て気の毒に思ったのか、言葉を続けて言うには、

「医者の私が言うのもナンだが、北海道大学の近くに、よく病人が治ると評判の天理教の教会があると聞くが、念のため行ってみたらどうですか?」。

夫婦はその教会を探し訪ね、娘は見事に回復した。それが入信のきっかけだった。

◇

しかし、初代さんの出直し後、後継者が見当たらず、そこで選ばれたのが、現在の教会長の祖父にあたる人であった。

生家は札幌駅近くの豆腐屋。商売は繁盛していたが、子供が青年期になると次々に結核で命を失い、末っ子の一人息子もまた、東京遊学半ばにして結核性関節炎と診断され、片足切断という寸前、にをいが掛かって教校別科へ。見事に回復して道一条になった。

教会を継ぐ、といっても信者さんは、ある銀行員と弁当屋さんの二人だけ。すでに

始まっていた日中戦争は泥沼化し、アメリカとも緊張関係にあった。

そのような時期、生後間もない長男が息を引き取ってしまった。夫婦は納棺するにお金もなく、ミカン箱をお棺がわりにして火葬場へ運んだという。

そうした教会に、ポツポツと人が寄ってきたのは、終戦から数年経《た》ってからのことである。多くは結核に侵された若者たちであった。みな修養科に入って、元気になって帰ってくる。

だが、帰ってきても行き場がない。そのまま教会づとめとなるが、頭を隠す場所もない。仕方なしに十八畳敷きの参拝場に雑魚寝《ざこね》となる。

「そうした人たちが、現在の教会の礎を築いてくれました」と、当時を知る人たちは言う。そして、

「当の会長さんも肺結核に侵され、『この神様の話を聞き分けたら、すぐにでもたすかる』と言いながら、自分自身も血を吐いていたのです」と。

「会長さんが血を吐きながらする話に、疑問は感じなかった。自分を飾らず、相手に心の負担を感じさせない気配りと真剣さで、熱い思いをもって親神様や教祖の話をす

るから、人の心を打ったのです」とも。

皆さんのその気持ちは、私にも分かる。私は当時まだ中学を終えたかどうかのころだったが、やはり、私どもの教会でも、その会長さんが演台に上がると、皆さん、身を乗り出したものである。

◇

さて、この八月下旬、そんなことを思い出しながら記念誌の文章をいじっていたら、新聞に大きく本の広告が出た。

『明日この世を去るとしても、今日の花に水をあげなさい』という長い題名。

著者は、順天堂《じゅんてんどう》大学医学部の樋野興夫《ひのおきお》教授。病理・腫瘍《しゅよう》学の専門である。

といっても、患者の診察や治療はしない。ふだんは、研究室でがん細胞を観察したり、遺体を解剖して死に至った原因を解明したりするのが主な仕事だという。

その教授が、研究生活のかたわら始めたのが、「がん哲学外来」。

ここでは薬の処方や医学的な治療は一切しない。自分と患者さんの間にあるのは、お茶とお菓子だけ。カルテも聴診器も、紙やペンすらない。

人は誰でも、心配事や悩み事があれば、誰かに話したくなる。話しただけで心が軽くなる。この教授は、その話し相手となるのである。

だから、「面談中は、医者としてではなく、専門知識を持った一人の人間として、患者さんと向き合います」と言う。

ただし、カウンセリングではない。カウンセリングは、相手の話に耳を傾ける傾聴だが、「がん哲学外来」は対話だと言う。

一人にかける時間は二十分から一時間くらい。「面談に来られた患者さん一人ひとりに、言葉の処方箋《しょほうせん》をお出し致します」と。

このように、がんで不安を抱えた患者や家族を、対話を通して支援する。

予約制だが、お金は要らない。無料の個人面談。医学現場と患者の間にある隙間《すきま》を埋めようとする。

この「がん哲学外来」、開設以来七年間で、面談した人数は三千人以上だという。

◇

それにしても、がんで悩む患者や家族を相手に、なぜ〈哲学〉などと、いかめしい呼び名をつけたのだろう。

私は〈哲学〉という言葉を、あらためて辞書で調べてみた。なかに、

「物事を根本原理から統一的に把握・理解しようとする学問」

「人生の根本原理を追求する学問」

などという意味があった。


そうしてみると、冒頭に述べた今年創立九十周年を迎える札幌の教会。自ら結核を病んでいた会長さんのそばから離れなかった若者たちは、教会でお粥《かゆ》をすすっても、寝場所に困っても、いつも「結核哲学道場」にいる気分で、心安らいで教会を離れなかったのではなかったか。

いま、その観点から、教会のあり方、道のよふぼくのありようを、じっくり「哲学」してみることが急務と思い至るのである。

第八章

津波に出合う

津波に出合う

早くも七年の時が過ぎましたが、三陸の大震災に遭遇された方々に厚くお見舞いを申し上げ、皆さまとは比較にならない微々たる体験ですが、書かせていただきます。

私はあの大震災の三月十一日、息子と二人、車で青森から仙台に向かっていた。途中、遠回りして三陸海岸の宮古《みやこ》市へ寄った。

宮古には八十八歳の一人暮らしのおばあさんがいる。家は丘の斜面にあって老朽化し、気になっていた。元気でいて安心したが、念のため、おばあさんと一緒に民生委員さんを訪ね、「何かあれば連絡を」と頼んだ。

歩いて帰るというおばあさんとそこで別れ、車は山田町、大槌《おおつち》町と過ぎ、釜石《かまいし》の街を流れる大きな川を渡り、左手に折れて坂を上がりきったあたりでグラッときた。

地震だ！　大地が大きく揺れて止まらない。とにかく安全な場所を探したが、この国道四五号、トンネルが多いし崖《がけ》の連続で崩落が怖く、うっかり駐車できない。

「いま、どこですか？」、息子のヨメさんから電話が入る。「釜石をすぎたばかり、大丈夫だよ。教会でも気をつけて……」。それっきり、どこととも通信は途絶えた。

「大きな津波が来ます。大急ぎで避難してください。川へは絶対に近づかないでください」。下の釜石の街から、繰り返し必死な放送が聞こえてくる。

山手の小さな団地の一隅に、やっと安全な駐車場所を見つけた。五分とおかず余震が車を突き上げる。ラジオはマグニチュード八・八と伝えた（後に九・〇と訂正）。関東大震災は七・九、阪神・淡路大震災が七・三だから、ただごとでない。

日が暮れた。一帯は大停電で静寂そのもの。車内のラジオは刻々と大惨事の状況を伝える。

すぐ下の釜石の街も津波に襲われ、おそらく多くの死者が出、家は流され、生者も傷つき水に浸《つ》かり寒さに凍えているだろうに、私は安全な所に身を置き、車の中で暖房をかけ、もったいないというより罪の意識さえ感じた。といってこの場にあって、祈るよりほか何ができただろう。

◇

翌十二日、近くの市営プールの駐車場が緊急避難所だと知り、そこへ移動する。隣接する中学校の体育館にも避難する人たちがいた。が、孤立した区域のせいかひっそりとしていた。私たちも一応名前を届け出たが、居場所は車の中と定める。

こうした災害に遭遇して痛感したのは、情報の不足である。車の中では刻々と全国のニュースが入るが、肝心の周辺の状況が分からない。まだまだ余震は絶えなかったが、恐る恐る釜石の街へ下りて行ってトンネルを出た途端、言葉を失った。国道の上に倒壊した家屋が重なり、車はひっくり返り、家財その他おびただしい残骸《ざんがい》。歩く隙《すき》間《ま》もない。そして街には、車の音も人の声もなかった。火災の跡にはどこかもの悲しさが漂うが、ここでは人間の営みのはかなさを思い知る。警察署の三階まで水に浸かったその水位が津波の凄《すさ》まじさを語っていた。

車に戻って、ここで私にできることは何かを自問する。今になってこそ、おさづけの取り次ぎ、車内で得た情報の提供、皆さんの話し相手その他、さまざま思い浮かぶが、そのときは情けなくも地図を片手に脱出することばかりを考えていた。

避難所には時々ヘリコプターが飛んでくる。通行不能のこの地域、救急車は走れない。突然、パシーンと車の後部ガラスが砕けた。ヘリコプターの風圧だった。ビニールで応急処置して、今夜も車の中。

ガソリンが切れて暖房が使えない。寒さを防ごうと荷物を整理したら、ありがたくも数枚の使い捨てカイロが出てきたのである。息子はご本部の月次祭に、かんろだいづとめを間近に拝するため朝早く神殿へ行く。寒いからカイロを持参するが、その残りだった。これぞまさしく親神様の贈り物。

◇

三日目の朝を迎えた。今日こそは何としても行動をと、おぢばを拝し、息子に言った。「とにかく教会を訪ねてみてほしい」。幸いにも駐車場の電話ボックスに公衆電話の電話帳があった。私は教会の所在を数カ所、電話帳で探した。

息子は倒れた家々の間をぬって川上へと向かった。一人のおじいさんに出会った。

「中妻町《なかづま》というのはどちらですか？」

「ワシもそっちへ行くから一緒においで」

線路を伝い、鉄橋を渡り、町並みがそのまま残っていたあたりで「この辺だ」と、おじいさんは言い残してどこかへ消えた。

礼を言って別れた所に、今度はおばさんが立っていた。

「この近くに天理教の教会がありますか？」

「すぐそこです。案内しましょう」

そしてたどり着いたのが、なんと災害救援ひのきしん隊岩手教区隊の隊長さんの教会だったのである。釜石港《かまいしみなと》分教会。

教会には今しがた花巻《はなまき》方面から着いたばかりの看護師さんが参拝していた。これから病院へ出勤するというその車に、息子は同乗させてもらった。病院なら電話が通じるかも、と。その期待は叶《かな》わなかったが、近くにＮＴＴがあった。長い行列ができていた。衛星通信の非常用電話だった。

こうして三日目にして初めて教会に連絡がついたのである。教会では信者さんたちも集まって、お願いづとめの直後だった。大教会でもまたお願いづとめをしていてくださった由《よし》。捜索隊の相談もしていたと。

◇

津波のあのとき、もう一時間早かったら大船渡《おおふなと》か陸前高田《りくぜんたかた》市で被災していただろう。あと五分遅かったら地震のとき釜石の橋の付近にいたはず。そして三十分遅かったら壊滅的被害を受けた山田町か大槌町だ。

宮古のおばあさんとの面会、民生委員へのあいさつ、トイレ休憩ほか、精密な時刻表のどれか一つでもズレていたら命がなかったかもしれない。釜石の教会にたどり着き、衛星電話を発見した経緯もまた同様に。

たすかったのは平素の心掛けが良かったからか。断じてそうではない。幸運という言葉にも違和感がある。偶然だとしたら、その確率は何万分の一だ。計算してみた。

なにか、導きの連鎖があったような気がするのである。

鎮魂の海へ――ふところ住まいの作法

このたびの震災で三陸の海岸に閉じ込められ、多くの人から何を食べていたのかと問われた。じつは、お土産用に南部煎餅《なんぶせんべい》とリンゴジュースを持っていたのである。

小麦粉を溶かし、ゴマやピーナツをまぶして焼き上げた直径十センチほどの円盤形の煎餅。ふだんはわざわざ買って食べる気もしないのだが、遭難（？）してみて、これは素晴らしい食品だと気がついた。

栄養価が高い。食べるに手間が要らない。保存がきく。かさばらない。風味はあるが、味の自己主張をしないから食べ飽きない。

青森県から岩手県にかけて飢饉《ききん》が多かったから、きっと昔の人の知恵で、貴重な非常食として受け継がれてきたのだろう。

それに比べて便利さと快適さを謳歌《おうか》する今日の生活はいかに底が浅く脆《もろ》いか。石油と電気と水道がストップすれば、たちまちお手上げだ。

煎餅をポリポリ食べ、リンゴジュースを飲みながら、私は十七世紀フランスの思想家パスカルの言葉を思い出していた。

「人間は自然のうちで最も弱い一本の葦《あし》に過ぎない。しかしそれは考える葦である」

というあの言葉を。

文学者の小林秀雄《こばやしひでお》は言う。

「人間は考へる葦だ、といふ言葉は、あまり有名になり過ぎた。気の利いた洒落だと思つたからである。或《あ》る者は、人間は考へるが、自然の力の前では葦の様に弱いものだ、といふ意味にとつた。或る者は、人間は、自然の威力には葦の様に一《ひ》とたまりもないものだが、考へる力がある、と受取《うけと》つた」

「パスカルは、人間は恰（あたか）も脆弱（ぜいじゃく）な葦が考へる様に考へねばならぬと言つたのである。人間に考へるといふ能力があるお蔭で、人間が葦でなくなる筈《はず》はない。従つて、考へを進めて行くにつれて、人間がだんだん葦でなくなつて来る様な気がしてくる、さういふ考へ方は、全く不正であり、愚鈍である、パスカルはさう言つたのだ」と。（『パスカルの「パンセ」について』傍点＝井筒）

　小林秀雄は、人間は自然の前にもっと謙虚であれと言いたかったのであろう。この文を発表したのは昭和十六年、今年から数えてちょうど七十年前の警告であった。

◇

　阪神・淡路大震災が起こる約一カ月前、青森県の八戸《はちのへ》周辺が強い地震に襲われた。そのとき、わが家の子供が「お父ちゃん、神様が人間に陽気ぐらしをさせたいのだったら、どうして地震なんか起こるの？」と問いかけてきた。そんな質問はゆるがせにできない。私は『地震はどこに起こるのか』（講談社ブルーバックス）という本を手に取った。著者は地球物理学者の島村英紀《しまむらひでき》氏。

「地震は災害を起こす疫病神のようなものでありますが、地震は地球の息吹きでもあるのです。地球が生きて動いているという証《あかし》が地震なのです。私たちが山河の風景を愛《め》で、温泉を楽しむことができるのもその恩恵の一部です。地球にある水や空気も、生きて動いている地球そのものが造ったものです。地震も、地球という星にある同じメカニズムと同じエネルギーの源泉からきているのです」

◇

お道では、その生きた地球に住むことを「親のふところ住まい」と教えていただく。イギリスのサッチャー元首相は「人間は地球の間借り人だ」と言った。いずれにしても、人間は地球の主《あるじ》ではない、住まわせてもらっているのだということである。

それをいつの間にか主人になったように錯覚しているところに小林秀雄の警告があったろうし、いざ天災地変が起こると、とんでもないしっぺ返しを食うことになる。被災した方々のことを言っているのではない。文明のありようが問われているのだ。

間借り人には、それなりの慎みと作法が必要。

まず、その作法の基本は、家主の意向を尊重するということである。科学や技術が「自然を克服する」という方向にではなく、「自然の理に沿う」ために活用されてこそ、豊かな恵みを頂けるのだと思い知る。

だから、より便利に、より快適にと、間借り人の都合だけで家主の領域を勝手に侵してはならない。また放射能や有害物質などで汚染してはならない。ＮＨＫの報道によれば、東京電力の傘下で皆が冷暖房の温度を一度節約するだけで原子力発電の原子炉一基が不要になるという。夜中でも不夜城のように煌々《こうこう》と、……いや、そういう私もうっかり電気を消し忘れ、どこへ行くにも車、あまり人のことを言えないが。

また、この生きた地球に間借りしているのは人間だけではない。動物植物、命あるものすべて家主さんの懐のなかで、互いにつながり合って生きている。人間といえども、われさえ良くば、今さえ良くばの態度では、はじき出されてしまうだろう。

人間が万物の霊長であるとするならば、「感謝　慎み　たすけあい」、そこにこそ霊長ぶりが発揮されねばなるまい。

◇

初めて岩手県の宮古市を訪れたとき、「おでんせ」という言葉に迎えられた。「お出《い》でなさい」という意味だと聞き、宮古は都に通じると、その優しさに感じ入った。三陸地方のあの風光明媚《ふうこうめいび》な、豊穣《ほうじょう》の海。その海に消えた多くの人の御魂《みたま》のためにも、このたびの大ぶしを生きぶしに変えていかねばと考えるのである。

大震災を境に、一夜にして日本は変わった。昨日までは「無縁社会」などとボヤいていたが、いま、「私も何かさせていただきたい」という思いが日本中に満ちている。外国の人々はそうした日本を見て感嘆し、声援を送っていると、マスコミは伝える。それが本来の日本人だったのだと信じる。

これから急ピッチで復興がなされるだろうが、単に元へ戻るのではなく、「親のふところ住まい」にふさわしい道を、具体的に探り求めていかねばと思う。その先頭に立つのは私たち道の信仰者であるという自負をもちたい。そのためにも、この哀《かな》しみを忘れまい。

小さなひのきしんの育成を

東日本大震災から三カ月が経《た》った。ゴールデンウイークにはあふれるように集まったボランティアもぐっと少なくなったというが、たぶん夏休みにはまた増えるだろう。「自分も何かを」という気持ちが全国各地に広がっている。

天理教災害救援ひのきしん隊の出動も根気強く続けられている。これは、衣食住の生活面で被災地の方々を煩《わずら》わさないという自己完結型だから後方支援が大切で、それができるのも結成以来四十年の歴史と、日ごろの訓練の積み重ねがあればこそ。

一方また、ヘルメットの要らない、ふだん着の、年齢、性別、経験を問わないひのきしんがしたいと望む人も少なくない。

五月十四日付の朝日新聞が、「やってみたいボランティア」という読者アンケートを特集した。編集部が用意した三十六の選択肢から一人五つまでを選んでもらう。回答者数二三六四人。そのベストテンは、

①被災地の物を買う、金を使う　一五三一
②救援物資の運搬や仕分け　一二二二
③保育、子供の勉強や遊び相手　八七七
④炊き出し、避難所の手伝い　八七七
⑤高齢者のお世話や買い物など　六二〇
⑥ボランティアセンターの手伝い　五四一
⑦被災者の自宅や周辺の片付け　四四五
⑧話を聴く（傾聴）　三七八
⑨被災者の情報収集　三〇七
⑩瓦礫《がれき》やヘドロの撤去　二一二
（似たような選択肢は一つにまとめました）

そのほか「節電」という選択が八四一票もあり、「体力的に何もできない自分が情けない。とりあえず寄付をしたが」という男性もいた。この調査では金品の寄付は除いてある。

◇

さて、災救隊が発足した昭和四十六年のころ、青年会は「世界たすけを楽しみ、ひのきしんに励もう」との合言葉のもと、積極的な地域ひのきしんの展開を目指していた。全教一斉ひのきしんデーはともかく、平素の活動となると、実施回数が少なく、一支部一カ所などとエリアが広すぎ、内容もマンネリ化していた。そこで教庁に「ひのきしんセンター」を設置し、地域ひのきしんの推進を図ることになったのである。

その仕事の一つとして、百ページほどのガイドブックをつくった。題して『ひのきしん活動のすすめ』。内容は、「天理時報」に掲載された実施記事や、支部・組からの活動報告を基にした実例記事が主だった。

そのとき痛感したのは、どんなひのきしんでも基本的な心得が必要であるということだった。その延長上で「ひのきしんスクール」が誕生する。

◇

それから三十年、日本の社会、いまや全国いたる所にボランティアセンターがある。阪神・淡路大震災では大勢の人が手弁当で駆けつけ、ボランティア元年といわれたが、このたびの震災では「被災地周辺だけでなく、全国各地の人に自分もこの災害の当事者だ、という意識が広がっている」（朝日新聞）という。

現に私の所へも「放射能で家を追われて行き場のない人にウチの教会へ来てもらってもいいのですが……」とか、「被災地にはどんな物を送ったら喜ばれるのでしょうか」とか、さまざまな電話を頂く。じっとしておれない、私も何かさせていただきたいという人たちの、その気持ちを大事にしたい。

作家で精神科医の加賀乙彦《かがおとひこ》氏は、阪神・淡路大震災のときボランティアで避難所を回ったそうだが、「苦しんでいる人を無視できない気持ちは誰にでもあるが、継続するのは大変だ」と語る。事実、阪神・淡路大震災の半年後、ボランティアの数はぐっと減ってしまったという。

そうならないために、「私も何かを」という思いが生かされ、それが災害時にかぎらず平素のたすけ合い活動にもつながっていけるよう、私は教庁に「ひのきしんセンター」を復活するよう提案したいのである。別に世間のボランティアセンターの向こうを張って、というのではない。

その役割は、地域ひのきしんでどんなことをしているか、何が望まれているかの情報収集とアドバイスである。時には具体的なお世話取りも必要であろう。ノウハウについては、ひのきしんスクールと提携すればよい。災救隊とは別に、地域の小さなひのきしん活動を育成するのである。

だから、特別の担当部署をつくらなくても、たとえば布教部あたりで、その役割を担っていただけないだろうか。青年会や少年会とも提携して。「ひのきしんセンター」の名称は、天理よろづ相談所世話部にすでにあるから、別の親しみやすい呼び名にすればいい。

◇

私は、このたびの大震災で釜石の丘の上に閉じ込められ、ようやく帰途に就いたとき、横転した家屋の隙間《すきま》を通り抜け、長い線路を伝い、目を覆うような惨状のなかで、行き交う人々に何か優しさのようなものを感じたのである。哀《かな》しみが人の心をそうさせるのだろうか。そんなことを思いながら、ある教会で胸を突かれるような話を聞いた。

その教会の娘さん、市内の歯医者さんに勤めている。津波で亡くなった方々のなかに身元不明者も少なくなかった。そこで歯医者さんが呼ばれる。遺体の口を開いて歯型から身元を確かめるのである。

娘さんは、もう一人の同僚女性と一緒にドクターを手伝った。ところが、その女性は、自分も家を流され、家族が行方不明のさなかだったという。教会の娘さんは彼女の弁当もつくってあげたそうだが、二人は次々と死者の口をのぞいて歩くドクターに、どんな気持ちでついて回ったのだろう。

ひのきしんといい、ボランティアといい、人のために何かをさせていただくという喜びは貴いが、その前に襟《えり》を正さなければなるまい。することよりも、与えていただくことのほうがはるかに大きいのだと。

災害にをやの思いを尋ねて

暑い日が続く。震災が起きたのはまだ暖房が必要な春先だったが、いまや夏の盛り、被災地の皆さまには、どうかお元気でと祈るばかりである。

天理教災害救援ひのきしん隊の出動も、六月二十五日現在で百次隊におよび、延べ出動隊員は一万五千人を超えた。いちおう七月中旬でひとつの区切りをつけ、今後は被災教会の復興に力を注ぐという。

それを待つまでもなく、さまざまな教区や直属から被災教会に対して自主的な出動があり、「まだあるなら私も」と、ひのきしん本来の勇み心が伝わってくるのである。

災害救援ひのきしん隊が全教的に組織されたのは、ちょうど四十年前である。はじめから「全教区一斉に」とは謳《うた》わなかった。急がず、準備の整ったところからと、各教区の自発性を尊重した。

私は結成十周年、二十周年大会と参加させていただいて、その都度の真柱様のお言葉が心にのこっている。

「いざ災害が発生したら率先してひのきしんに励むのはもちろんだが、それにもまして大切なのは、災害が起こらなくてもすむようにお導きいただけるような日々の通り方である」という意味合いのことを、おふでさきを引用されて諄々《じゅんじゅん》とお話しくださったのである。

◇

ところで私は今まで、テレビならまずニュースを、新聞なら政治面からという習慣があった。しかし最近はそれが嫌になった。心が濁るのである。与野党を問わず、こんなありさまで日本はどうなるのかという危機感におそわれる。

以前このページで、私は「今の政治家の思想的レベルは鳥肌が立つほど質が低下している」と言ったさる人の言葉を紹介したが、ますますその思いを強くする。

しかし、政治家の質の低下も結局は私たち国民のある意味での反映だろうし、災害が起こるのは政治家のせいだと言う気は毛頭ない。このたびの震災に石原慎太郎《いしはらしんたろう》・東京都知事が「天罰だ」と言って顰蹙《ひんしゅく》を買ったが、それはよもや被災者に向けた言葉ではあるまいと信じるから、私は共感を覚えたのである。

だが、天罰ということはあり得るのか。

大きな災害によって社会変動が起こり得ることは、誰にも察しがつく。災害への対応の如何《いかん》によって、被害が大きくもなり小さくもなる。それも分かる。けれども、人々の心のありようや生き方が自然災害の原因になり得るか。ある人はそれは一種の物理現象で、人間の心と関係ないと言うだろう。またある人は、関係はあるかもしれないが科学的に証拠立てる方法がないと言うだろう。

◇

昔の人はどう考えたか。『中世　災害・戦乱の社会史』（峰岸純夫《みねぎしすみお》著、吉川弘文館）という本によれば、

「自然災害の防除を一つの職務としている朝廷は、神仏の加護によってその防除を果たそうとし、諸国の寺社に命じて仁王経《にんのうきょう》などを読誦《どくじゅ》させる一方で、国家的な卜《うらない》であ

る軒廊御卜《こんろうのみうら》によって天の判断を仰ぎ、その結果として元号を変更することで災厄から免れようとした」という。

私は不明にも、元号を変えるのは天皇即位のときだとばかり思っていたが、それは明治以降のことで、鎌倉時代から江戸末期に至る約七百年の間には、天皇即位による改元が三十五例であるのに、災害や戦乱、あるいは災厄を断ち安穏幸福を願うための改元が百四十一例にものぼるという。

たとえば、鎌倉時代初期の後堀河《ごほりかわ》天皇は、わずか十一年の在位中、天変・旱魃《かんばつ》・疫病・風害・水害・飢饉《ききん》と、多種多様な災害に遭遇して五回も改元している。

その後を継いだ四条《しじょう》天皇も十年の在位で五回の改元。このときは地震の連続だ。

古代から中世への大きな変わり目、天皇も気の毒だが、一般庶民の苦しみは大変なものだったろう。この時代、法然《ほうねん》、親鸞《しんらん》、道元《どうげん》、日蓮《にちれん》など、鎌倉仏教の開祖たちが続出するが、従来の宗教が救済する力を失ったとき、民衆は新しい宗教に救いを求めていったのだろうか。

一代で五回改元した天皇はまだいる。十五世紀後半、室町時代の後花園《ごはなぞの》天皇もその一人。水害・地震・疫病・飢饉・戦乱・旱魃と、ありとあらゆる災害に遭遇する。つづく後土御門《ごつちみかど》天皇も五回。大地震が発生し浜名湖《はまなこ》が太平洋とつながった。京の都では大洪水、翌年には二万戸を焼くという大火災。大がかりな一揆《いっき》も頻発した。

この時代、室町幕府八代将軍足利義政《あしかがよしまさ》の正室・日野富子《ひのとみこ》が権勢を振るい、権力争い、賄賂《わいろ》、高利貸・関所を設けての蓄財その他、政治は腐敗の極みにあり、ついには応仁《おうにん》の乱、戦国の世へと時代は移る。

◇

それでは、拝み祈禱《きとう》や卜《うらな》いを否定なさった私たちの教祖は、どうおっしゃったか。おふでさきに地震・大風などの文言が登場するのは「第六号」からだが、そのお歌のご執筆は、教祖が奈良県庁の呼び出しに応じて円照寺《えんしょうじ》（山村御殿）へ行かれた後のことである。

月日よりたん〳〵心つくしきり
そのゆへなるのにんけんである
それしらす今のところハ高山ハ
（六　88）

みなはびかりてまヽにしている　（六　89）

この月日大一これがさんねんな
どんなかやしをするやしれんで　（六　90）

このせかい山ぐゑなそもかみなりも
ぢしんをふかぜ月日りいふく　（六　91）

まことに激烈である。ただ、この「高山」という意味を政治権力や世の上層階級でなく、「たすけ一条の親心を防げるもの」と解するなら、私たち一人ひとりの胸に住まう「高山」を糺《ただ》していかねばなるまい。

とはいえ、災害は決して天罰ではない。教祖はどこまでも万人のをやである。

どのよふなものも一れつハかこなり
月日の心しんばいをみよ　（六　119）

かなしみと勁《つよ》さ

「早くも一年が経《た》ちました。あの節は……」と、お礼の手紙を書いた。私と長男の二人が震災で岩手県釜石の海岸に閉じ込められて三日目、何かに導かれるようにたどり着いた釜石港分教会宛《あ》てに。

すぐ大谷将司《おおたにしょうじ》会長さんから電話を頂き、「あの後のことが本になりました」と。送られてきたのは、新潮社発行のれっきとした単行本だった。白地のカバーに黒い大きな文字で、『遺体』とあった。著者は、これまでも世界の各地で、貧困・医療・戦争などをテーマに取材を続けてきたという石井光太《いしいこうた》氏。

氏が被災地に足を踏み入れたのは、私たちが釜石を去った翌日、三月十四日のこと。鉄道もバスも一切ストップし、ガソリンスタンドには一滴の油もなかった。そのなか、東京から新幹線で新潟へ出て車を借り、いまだ雪深い蔵王《ざおう》の山を越えてきた。

そうまでして現地入りを急いだのは、「現場を見ずに筆を取るのは読者ばかりでなく自分に対する裏切り行為に等しいと考えた」からだと言う。

◇

この本は、釜石で発見された約九百の遺体をどこへ安置し、どうやって身元を確認し、棺《ひつぎ》に納め、火葬に至ったかという、それに携わった人々の行動と心模様を記したドキュメントである。

実名で登場する二十人のなかに、釜石港分教会長さんの娘・貴子《たかこ》さんがいる。貴子さんは地元の鈴木《すずき》歯科医院で歯科助手として働いていた。院長の鈴木勝《まさる》氏は、釜石歯科医師会長でもあり、その関係から津波の翌日、釜石医師会長から検歯の依頼を受ける。

死者は医師の診断によってはじめて死亡と判定される。DNA検査で身元確認をするのも医師の仕事だ。しかしそれとは別に、歯科医もまた歯型を調べて身元確認を行うのである。

医師会長からの要請を受けた鈴木院長は、食い入るように話を聞いていた貴子さんに助手として同行するよう言った。

遺体安置所は廃校になっていた中学校の体育館。冷たい床にブルーシートを敷き、運ばれてくる遺体を横たえる。寒いが遺体を損傷しないよう暖房はない。

納体袋のチャックを開けるとドス黒い死顔がむき出しになり、触るとあまりの冷たさに思わず手を引く。死後硬直のせいか、器具を使って口をこじ開けようとしても頑として閉じたままの遺体もある。

体内に充満していた大量のヘドロや海水が一度にどっとあふれ出すこともある。次々と運ばれてくる遺体に、広い体育館も置き場がなくなる。それにいつまでも納体袋のままで置かれない。だが、その大量の棺をどこで手に入れるというのか。

いち早く棺の組み立て作業に従事したのは、貴子さんの父が率いる岩手教区災救隊だった。早々と山形教区の応援もあった。『遺体』という名のこの本は、天理教災害救援ひのきしん隊を簡潔に説明し、「思いがけない協力だった」と書く。

納棺の次は火葬。ところが釜石の火葬場は震災で壊れて使えない。やっと応急処置を施し、処理能力を上げたものの、一日最大十四体。九百の遺体を、何日かかるか。幸い秋田県や青森県の自治体が協力を申し出て、一体の土葬も出さぬ道が開けた。

◇

後日、居酒屋で、歯科医師の鈴木勝氏と、貴子さんと、著者が語り合う場面がある。鈴木院長が言う。

「俺《おれ》は今回の体験で、歯科医としての限界を見たような気がする。俺は歯というモノに向き合ってはいたが、安置所に来ていた家族の力にはあまりなれなかった。お経を読みに来たお坊さんがいただろ。あいつは俺の同級生で、子供のときから学校をさぼって父親と檀家《だんか》回りをしていた。その彼が一人前の僧侶になって安置所でお経を唱えていることを知ったとき、俺は彼が本当に立派な仕事をしているんだなと思った」

貴子さんは言った。

「勝先生も本当に遺族のためにやってたよ。一人で何十体もの歯型を確認して、他の先生の協力を得るために車を用意しただけじゃなく、遠くまで行って赤ちゃんのおむつを買ったりしたじゃない」

「そうなんだけど、あそこにいた身としてはもっと何かができたんじゃないかって思うんだ……」

鈴木氏が話した読経《どきょう》奉仕のお坊さんの寺は、避難所に指定されていた。震災直後は五百人もそこで一夜を明かしたというが、その後も常時百人からの人が寺に留《とど》まっていた。その世話どりや物資の調達などでクタクタになりながらも、寸暇をさいて安置所へ通っていたのである。

だがついに、寒さと疲労で倒れそうになり、「もう仏様なんて何の役にも立たないのかもしれないな……」とつぶやいた。途端に、二十代の娘さんに言われた。

「お父さん、違うよ。今頑張れているのは、仏様の教えがあるお陰じゃないの？」

◇

ところで、この本の帯には「釜石の人は、弱くて、強い」とあった。私なら「岩手の人は、かなしくて、勁《つよ》い」と言いたい。

少年の日に教わった岩手の詩人が甦《よみがえ》る。

やはらかに柳あをめる

北上の岸辺目に見ゆ
泣けとごとくに

と、人間のかなしみを詠んだ石川啄木《いしかわたくぼく》。

ヒデリノトキハナミダヲナガシ
サムサノナツハオロオロアルキ

と、『雨ニモマケズ』の宮沢賢治《みやざわけんじ》。

そして、岩手県を第二の故郷とした高村光太郎《たかむらこうたろう》は謳《うた》った、

岩手の人沈深《ちんしん》牛の如《ごと》し。
地を往《ゆ》きて走らず、
ついにその成すべきを成す。

十和田《とわだ》湖畔に建つ光太郎の「乙女の像」は、大地にしっかり足をつけて力強い。

かなしみは、やさしさ、共感となり、勁さにつながる。勁さとは「しんがつよいさま」「まっすぐで力づよい」の意。

それは岩手というより東北の人々の、いや、日本人本来の心だと言えまいか。

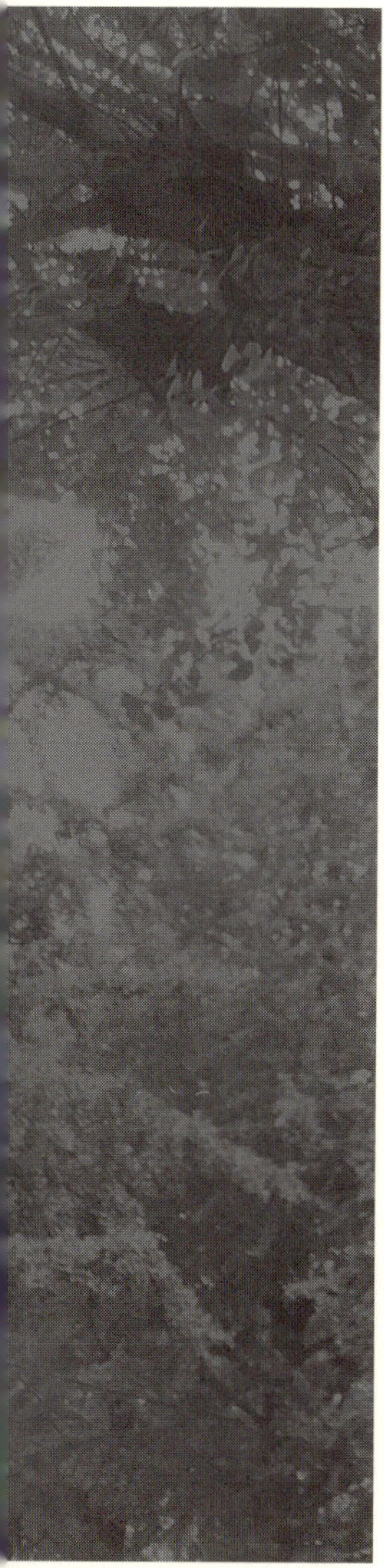

第九章 すべては親心のまにまに

生と死――身上だすけを学ぶ①

「諭達第三号」の趣旨を徹底する全教会一斉巡教も、この五月でひとまず終わる。あとは実践あるのみ、と言いたいところだが、そこに込められる「たすけ」の意味するところは広く、深い。それに各自がどう向き合うか。たとえ小さなことからでも、自分なりの具体的な心定めをしっかりしてかからないと、「たすけ」という言葉だけが飛び交うことになりかねない。

そこで私は自分の心を整えるために、まず仕事場の大掃除に取りかかった。すると書棚の上から、ポトンと一冊の薄い本が落ちてきたのである。

教祖百十年祭記念　ひのきしんスクールシンポジウム

『生と死――おたすけの現場から』

講師は、次の三氏。（立場は当時）
宮﨑道雄《みやざきみちお》（梅満《うめみつ》分教会前会長、医学博士）
竹川俊治《たけがわしゅんじ》（飾大《しきだい》分教会長）
鈴木恵佐美《すずきえさみ》（ひのきしんスクール運営委員）
懐かしく、掃除そっちのけで読み直し、今日の旬、これは天の配慮ではと思った。以下、その一端をご紹介する。まずは講師ご自身の身上体験から。

宮﨑道雄先生の身上体験

教祖九十年祭の二年後、南米各地を陽気ぐらし講座で四十日ほど回ったとき、ペルーで体調を崩した。

「医者というのは、なかなか自分で自分の診断がつかないもので、現地の医者に診てもらったがラチがあかない。血液検査を頼み、その結果を見たらガクッと落ち込んでしまった。劇症肝炎。内科の本には一週間で死んでしまうと書いています。本当に心は千々に乱れ、どうしていいか分からない。死の恐怖。家内もいません。亡くなった母が夢の中に出てきて、『そんなにきついならば、早く川を渡ってこっちへ来い』と招きます」

「ところがありがたいのは、信仰をさせていただいているおかげで、反省する心ができてくるのです。どんなながからでも喜ばにゃならんという教え、陽気ぐらしです。ペルーの教会長さんにおさづけを取り次いでいただくことと、御供《ごく》さん、これだけが頼りです。はっきり申し上げて、皆さま方は騙《だま》されるかもわかりませんが、私にはその薬が効くか効かないか分かるのです。だから、いわゆる神にもたれていくしかなかったんです」

「それ以来、死ぬということを考えない、生きるんだと、神様によってご守護を頂くのだという心が生まれてきて、今日まで生かされてきたと思っています」

竹川俊治先生の身上体験

昭和二十年、竹川先生は中学生だった。敗戦を境に世の中も、教師の言葉もみな逆転して、何もかも信じられなくなった。

昭和二十三年、父上が出直される。

「十六歳で目の患いから入信し、すべてのものを捧《ささ》げて、周囲の反対を押し切って通り抜いた五十年でした。臨終の場で『何か言うことはないか』と問う母に、『何もない。このお道さえ通らせてもろたら、それでええのや』と。父のそのひと言に、『親父《おやじ》は命がけでお道を通っていたのだな。そこには何か真実のものがあるに違いない』と思い、私は翌月から別席を運び始めました」

やがて京都大学で宗教学を専攻し、結婚後は東京へ単独布教に出る。

さて、教祖百年祭打ち出しの昭和五十六年のこと。

「今までお道を通らせてもらい、結構なご守護も頂き何の不足もないけれど、本当に腹の底から込み上げてくる感動を味わえる信仰生活を、と親神様にお願いしていたら、『海外へ』というヒントを頂きました。そこで何の繋《つな》がりもなく言葉も分からぬ台湾へ行って、病人さんを探しておさづけを取り次ぎ、そこからさらにほかの国々へも道が付き、全く想像もつかないような神直々のお働きを見せていただくことになりました」

ところが二年ばかり以前、台湾で、物が食べられず、水も喉《のど》を通らず、やっと台北《タイペイ》から大阪空港へたどり着いて即刻入院となった。さまざまな検査が続いて、四十日で退院となる。退院の前日、医師に言われた。「あなたは幽門狭窄症《ゆうもんきょうさくしょう》だった」と。

だが後日、実際はがんであったと聞き、病院へ行って主治医に確かめたところ、「間違いなく胃がんだったが、最終検査の段階でその影が消えていたのだ」と。

「私が身上になった六十四歳は父が出直した歳《とし》。また私の幽門のところにややこしいものがあったというけれど、父も今で言うと十二指腸がんです。いんねんのうえから言えば私もそこまでの寿命だったけれども、新しい命を頂いたということは、新しい神の用向き、今までにない御用をさせていただけるんだ、と自覚をしております」

鈴木恵佐美先生の身上体験

「竹川先生ではないけれど、私の父の出直しが五十六歳。私も同じ年齢で東京大塚《おおつか》のがんセンターで二回診察を受け、間違いなく膵臓《すいぞう》がんだと言われました。膵臓がんは命あるところ三、四カ月です。必ずと言っていいくらい出直す方が多いんです」

「私も五月から十一月までの七カ月間、病みに病みました。足の冷えること、真夏でも電気毛布を離せません。大変な出血をしましたけれども、手術もせずに不思議なたすけを頂きました」

「時あたかも教祖百年祭の西礼拝場ふしん。この身上をたすけていただくには、ぢばに尽くし、ぢばに運ぶほかにないと考えまして、病む中、ワゴン車に布団を敷いて、月二回ずつ七カ月間、一回も欠かさず、埼玉からおぢば帰りをさせていただきました」

さて、このシンポジウムは、この後、ほぼ次のような内容で進められる。

- 不思議なたすけを医者から見れば
- 医者と患者の間に立って
- おさづけの意味するもの
- 上手なお諭し、下手なお諭し
- 家族ぐるみのおたすけ
- 死に行く人へのおたすけ　等々

生と死——身上だすけを学ぶ②

先月に続き、ひのきしんスクールが主催した教祖百十年祭記念『生と死——おたすけの現場から』のシンポジウムを振り返る。

前回は、講師ご自身の身上体験を紹介した。まず医師であり教会長である宮崎道雄氏の劇症肝炎。次いで台湾から中国・東南アジアへの布教に力を注いでおられる竹川俊治氏の胃がん。そして嶽東《がくとう》大教会布教部長であった鈴木恵佐美氏の膵臓《すいぞう》がん。

いずれも、お道の信仰者にとってはふしぎなたすけと言えようが、医学の立場からはどう見るのだろう。宮崎道雄氏は、がんを例にとって次のように説明された。

◇

「がんというのは細胞から出来るのですが、細胞の中には遺伝子をつくる物質が規則正しく配列されています。その遺伝子の配列が異状を起こすと、これががん細胞になる。

その予防には、青野菜を一日二五〇グラム以上食べなさいという。私は実験してみましたが、とてもそんなに食べられません。

インターフェロンという薬があります。これは細胞ががん細胞になっても、ガチッと固めて周囲に広がらないように予防する薬です。食い殺すのではなく、がん細胞が分裂しないようにするんです。

そのような働きは、神様のかりものの体の中でたくさん起きております。しかし非常に個人差があり、それゆえこの薬を体内でたくさんつくるには、食物では青野菜を多く摂《と》るか、精神身体医学では一日に三回以上笑いなさい、と言うのです」

宮崎氏は、とくに家庭にあっての陽気ぐらしが大切だと言う。

「がんになったらどうするか。がんに負けたら終わりです。ダメだと思ったらだめですよ。

なぜかと申しますと、いま医学で免疫学というのが非常に進みつつあります。それはどういうものか。予防注射を打ちますと、私たちの体にそれに対抗する抗体が出来ます。それがいわゆる抗原抗体反応という免疫学の基本です。

がんが出来たとき、神様が何か体の中にこれに対抗するものをつくってくださるのだと思っていましたが、研究の結果、数年前に、リンパ球ががん細胞に対して働く、言い換えればがん細胞を破壊する、食い殺すという働きが分かってきたのです。

竹川先生の胃がんが消えたというのは、このリンパ球ががん細胞に働いて、食い殺した姿だと思うのです。こういう例は、おたすけという場においてたびたび経験させていただきます。

ですから、がんに負けない陽気な心、勇んだ信仰心、それが非常に免疫力を強くして、リンパ球が働いてがん細胞を食い殺す一つの姿なのではないかと思います」

◇

これに対して竹川氏は言う。

「宮崎先生から聞かせていただいて、なるほどと思いました。主治医に、確かにあんたは胃がんだったと言われて、私は神様にお礼を申し上げました。

四十日入院している間に、神様はいったい身上を通して何を教えてくださっているのかと、一生懸命に思案しました。そしてその入院中に、たいへん大きな深い心定めをさせていただいたのです。

もちろん私自身の心定めが、がんをご守護いただいた根本の原因だとは思いません。親神様のご守護はいうまでもなく、家内をはじめ皆さん方の真実のおかげと感謝していますが、一つには、さあ、これから、こういう心で、こう通らせていただこうという、定めた心、勇んだ心で身上に向き合ったことをお受け取りいただいたのだと、あらためて思った次第です。きょうは来て良かった。ありがとうございました」

もう一人の講師、鈴木恵佐美氏に司会者が問うた。「膵臓がんと言われて、陽気ぐらしができましたか」

「いやいや、正直落ち込みました。もう地獄の底に突き落とされたと言うんでしょうか、これで私も人生終わりだと」

だが、そこは大教会の布教部長さん。教祖百年祭を前に、西礼拝場の普請の最中。こんなときこそ皆さんに少しでも感激の涙を流していただきたいものと、おぢば帰りバス団参を実施した。その数、バス九十一台。

「団参の途中に大教会へ参拝したとき、同行の七十二歳になる役員さんが急に息を引き取ってしまったのです。私は泣きながら夢中でおさづけを取り次ぎました。これが私の勇むきっかけになりました。不思議なご守護を頂いて、その方が息を吹き返したのです。そして、このまま私も連れて行ってほしいと。おぢばへ帰って、かんろだいに額《ぬか》ずいたときの、その感激。

やはりをやに喜んでもらうことと、自分の身上も忘れるということ、そこに『人をたすけてわが身たすかる』と仰せくださる意味合いがあるのではないかと悟らせていただきました」

◇

私は、このシンポジウムの記録を、あるよふぼくドクターに読んでいただき、意見を求めた。ほぼ次のような感想だったと記憶している。

「不思議は神、と申します。親神の働きを医学の論理で裏づけしたいという、その気持ちは分かりますが、信仰は科学に支えられてあるのではない。素直に、不思議は不思議でいいのではないですか。

医療というのは、親神の創造された生命を、人間が医学の面から探るのだから、永遠に途上にあるものと言えます。病気の診断ひとつにしても、年月が経《た》つと別な見解が出てくるかもしれない。

講師の先生方も、見せられた不思議を科学的に説明できなければさっぱりしない、ということではないと思います。

人間は体だけで生きているのではないから、医療と信仰は決して競合するものではなく、相補うべきものと考えます。

それよりも、家庭の和合や日常の陽気ぐらしが大切だというなら、たすけが強調されている今日、まず教会家族や、よふぼく家庭から、その手本にならなければ……」

生と死――身上だすけを学ぶ③

この『身上のおたすけ』シンポジウムに登場された宮﨑道雄、竹川俊治、鈴木恵佐美の三氏には、死の淵から生還するのに共通したものがあった。過去の反省や懺悔《さんげ》が、「これから先の具体的な心定め」に直結して。病みながら勇んでおられたのである。

まず南米という異郷の地で劇症肝炎を患った宮﨑氏は、「信仰のおかげで、死の恐怖ではなく生きるという喜び心が生まれてきて」、そこは医学者らしく、病みながら、身上だすけのありようを考えた。

第一に、身体《からだ》の苦痛を軽くすること。一般に不平不満の多い人ほど苦痛は多いが、まず身体を少しでも楽にしてやること。

第二に、病人は社会的にも失意の中にあることが多いから、それをカバーするような配慮をすること。

第三に、家族おたがいのコミュニケーションをはかる。これもおたすけ人としての大事な務めである。

たとえば病状が重くなると、家族の足も病人から遠ざかりがちになる。そこで、なるべく傍《そば》で話を聴いてあげること。医学的には、眠ることが案外、不安や恐怖感を除いてくれるが、医者はなかなか心の中まで入って行けない。だからその意味でも、おたすけ人の役割は大きい。

「病人は、死が近づくほど、私たちおたすけ人を必要としていると思います。患者さんの傍に座って、眼《め》を見たり、手を取ったりしながら、話に耳を傾ける。それが、患者さんの心を安らかにするのではないでしょうか」と宮﨑氏。

◇

だが、竹川氏の病室に来られた大教会長さんは、いともあっさり、「うちの家内から預かってきたんや」と小さなメモを手渡した。

そこには、「あなたの上級の会長さんが上顎《じょうがく》がんのご守護を頂いたときのことを思案してください」と書いてあった。

話は三十年前にさかのぼる。上顎がん、目玉を乗せている頬骨《ほおぼね》に出来たがん。手術をすれば三年から五年は生きるだろうが、目玉も取らなければならない。手術をしなければ長くて半年の命と、病院では手術を勧めた。

おりしも竹川氏の上級のその教会は移転建築のお許しを頂いて、さあ、これからふしん、という矢先の会長さんの身上だった。用意していたふしんの準備金も全部お供えして、役員や部内教会長一同、何日も何日も本当に真剣な談じ合いを重ねた。

大教会長さんは、ただひと言、「目を取ったらあかんで」と。病むご本人は逃げるようにして退院し、夫婦で大教会に住み込んだ。そして次第に元気を回復し、竹川氏の台湾の布教所開設にもご夫婦で参席されたという。そのときのことを思案してくださいという大教会長夫人の言葉であった。

竹川氏は、台湾で病み、やっと大阪へたどり着き入院していたのだが、そのメッセージに勇気づけられ、非常に勇んだ心で病院生活を過ごし、退院後その定めた心を一生懸命実行に移して、これまた結構なご守護の理を見せていただいていた。

氏は「それは別の話になりますので」と、心定めの内容こそ詳しく語らなかったが、次のように言葉を結んだ。

「諭しの大切さとともに、その諭しをいかに前向きに、明るく悟るかということが大事ですね。心が勇んでくるまで、しっかり思案をさせていただくことです」

◇

鈴木氏の膵臓がんの場合もそうである。大教会長さんはただ一言、「充電期間やな」とおっしゃった。鈴木氏は語る。

「ちょうど東西礼拝場ふしんの最中ですから優しいお諭しだけで済ませられるものではありませんが、充電期間とのお言葉だけでもずいぶん心が安らぎました。急《せ》かず、焦らず……。短い言葉のなかに、とても温かなものを感じたんです。そして勇気が湧《わ》いてきました。

やはりおたすけに当たっては、責めるのではなく、まずは心を軽くするよう、勇みの心が湧いてくるよう。勇みの心が湧いてこなければ理が開かないと申しまして、ご守護を頂く道はないと思います」

◇

たしか深谷忠政先生の言葉と記憶するが、「キリスト教でも、お祈りというのはある。けれども天理教にあってキリスト教にないものがある。それはお諭しだ」と。

そこで、お諭しの取り次ぎについて、医学的見地を含め、宮崎氏はこう言われた。

「私（宮崎氏）の場合、まず相手の話を三十分くらい聞かせていただいて、それからこちらの話をします。なぜ三十分かというと、人間、同じようなことを三十分もしゃべると脳細胞が疲れるのです。それからこちらが話してやると、閉ざしている心が開くようです。自閉していると、絶対相手の心に入っていかないのです。

昔、大学におりましたときは、患者さんを下に見て、話がなかなかできなかった。自分の心を低くして話し合うと、患者さんは家庭の内部のことまでも話してくれます。そこでようやく神様の話を取り次がせていただく手順になります。

相手の話を聞く前に、先にこちらが理の話をする人がありますが、それでは相手の心に入っていかないだろうと思います」

さてこの小文を読んで、もし、おたすけ人が医療と張り合っている感じを受ける人がいるとしたら、断じてそうではない。

宮﨑氏はもちろん、竹川氏も鈴木氏も、医学への敬意は十分払いながらも、医療と身上のおたすけと、目指すところが異なるのである。それは「病気がたすかる」か、「病気でたすかる」かの違いと言ってもいい。真のたすけとは何か。

そこで、『身上だすけを学ぶ』のこのシリーズ、三回で終わるつもりだったが、あと一回、「おさづけ」と「出直し」について、振り返ってみたい。どうぞ、お付き合いを。

生と死――身上だすけを学ぶ④

一般に、信仰にいたる動機は三つあるといわれる。貧・病・争。なかでもお道では身上による入信が多いが、それは「おさづけの理」を抜きにしては語られない。

竹川俊治氏は言う。

「おさづけの理を取り次ぐということは、親神様のご守護の理を相手に移すということだと思います。だから、たとえば脳梗塞《のうこうそく》で体の自由がきかない、何年経《た》っても治らないという病人さんがいたとしても、だからおさづけを取り次いでもしようがないというのは大まちがい。その方も親神様のお働きがあって命を保っているわけだから、さらに親神様のお働きを頂くために、おさづけの取り次ぎを忘れてはならない」

また、鈴木恵佐美氏は、

「おさづけには、教祖ひながた五十年の、親心が込められている」と。

教祖は、どんな茨《いばら》の道中をも明るく勇んで、たすけ一条のうえに通られた。おさづけには、その御理《おんり》が込められている。だから、自分が取り次ぐのではなく、教祖に代わってさせていただくという自覚が大切、とも。

そして宮﨑道雄氏は、

「修養科でおさづけを拝戴《はいたい》したが、その後、部内教会長四人、布教所長二人、おさづけを取り次いだ人が次々と出直し、もう一生おさづけは取り次ぐまいと思った」と。氏の母上が危篤になったとき、役員さんに「おさづけを」と促され、さて、たすけてくださいと願えばいいのか、安らかな息の引き取りを願えばいいのか。後者のお願いをしたところ、三十分後に出直された。

そして大学病院に勤務していたとき、舌肉腫で気道に穴を開ける手術を前に、「三十分だけこの患者さんを生かしておいてください」と、おさづけを取り次いだことがある。

宮﨑氏自身には取り次いだ意識はなかったが、あとで同僚から「あのとき、何しとった」と言われ、はじめておさづけを取り次いだことに気がついたという。その患者さんは本当に不思議なご守護で、その後、十数年にわたり社会生活を続けることができた。

◇

おさづけの意味合いは深いが、それだけに取り次ぐ人の心得が大切である。

宮﨑氏は、

「いろいろ考え事をしながらおさづけを取り次いでも、ご守護は頂けません。全く無になって取り次ぐところに、不思議な姿を見せていただくのだと思います」。

竹川氏は、

「急におたすけに行かねばならんという場合に、きょうはちょっとシンドイから明日、というのではだめ。お酒が入っていたら、喉《のど》に指を突っ込んで吐き出してでもというのでなければ、こちらが真剣にならないし、先方になんぼいいお話を聞かせてもだめです。こちらの真剣さが映るのです」。

そして鈴木氏は、

「おさづけを取り次いでいただくのに、お供えも何もしないと空願《から》いになるとか、私のような不徳な者のおさづけは効かないとか耳にしますが、おたすけ人のほうが理を立てていかなければと思うんです。こちらの心をつくるためにも、おさづけの取り次ぎは大事な意味をもちます」。

◇

さて、どのような人にも、いずれ最期の時が訪れる。『天理教教典』第三章「元の理」を拝読すると、人間は「八千八度《やたび》の生《うま》れ更《かわ》りを経て」今日に至ったとある。ということは八千八度の出直しを繰り返してきたということだ。そのことから、出直しは成人への大事なプロセスであることが悟られる。決して忌むべきことではない。

しかしご本人は、死の不安や恐怖に襲われ、家族もまた哀《かな》しみのなかに右往左往する。そこにも、おたすけ人の役割は大きい。

宮崎氏は、「まず、心身の苦痛を取り去ることが大事だ」と。それには生前の生き方や家族のありようもかかわってくる。

「今日、多くの人は病院で死を迎える。病院は時が迫ると、次第に家族と離してゆく方向にあるが、今後は病院にとっても宗教的ニーズは増えてくるだろう」とも。

竹川氏は、「医者との話し合いをするとき、家族だけではなかなかスムーズにいかないことがある。そうした場合、お道の者が医者と患者の間に立ち、そこに両者の良い関係をつくることができたら……」と。

◇

身上だすけにかぎらず、おたすけには何よりも信頼感がいのちだが、鈴木氏の次の話には、脱帽平伏するほかない。

東京・清瀬《きよせ》の病院に、ある肺がんの老人が入院していた。鈴木氏は、毎夜、一切の御用が終わったあと十二下りを勤めて、清瀬まで車で走り、「死ぬのは嫌だ、会長、頼むよ」と、そんな話ばかりを七カ月間、聞いて、聞いて、聞いてあげた。

そのなかで、実の娘が一年間行方不明であることを知った。風の便りに、かの巨大な高島平《たかしまだいら》団地か、東京の晴海《はるみ》埠頭《ふとう》団地にいるらしいと聞き、一軒一軒たずねて歩いた。

そして十四日目、ようやくかすかな手がかりをつかみ、奇《く》しくも大教会月次祭のその日、娘を清瀬の病院へ連れていくことができたのであった。

肺がん末期、コバルト治療のやけどのあとも生々しい骨と皮だけの父は、娘と抱き合って泣いた。鈴木氏も感極まり、傍らで「よろづよ八首」を奉唱したが、歌い終わらぬうちに病人は息を引き取ったという。「会長、あと頼むよ」という言葉を残して。身上だすけというも、一人のおたすけ人の途方もない真実誠の行為が、この老人の最期を輝かせ、娘さんをはじめ一家を救うもとになったのであった。

四回続いた本稿は、これで終わります。

お読みになって「おたすけは大変だ」と思われた方がいるとすれば、筆者の至らなさによるものです。

私はこのシンポの司会を務めたのですが、先生方のお話はいずれも明るく感動的で、「おたすけは楽しい」という雰囲気が会場に満ちていたことを思い出します。

すべては親心のまにまに

あれから十年余りの歳月が過ぎた。私ががんを患い「憩《いこい》の家」に入院して、あちこち内臓の手術を受けて以来。そして退院後、次々と、がんのおたすけが続いた。

そのなかで、あるご婦人の心配りには大いに学ぶものがあった。それは「親子親《しん》戚《せき》、総ぐるみのたすけ合い」とも言える、おたすけの連鎖であった。

◇

その中年婦人を仮にA子さんと呼ぼう。教会から車で十分ほどの所に住む家庭の主婦である。

A子さんにはB子さんという姉がいる。飛行機でも途中一度乗り継いでという遠方に住んでいる。私が「憩の家」を退院して間もなく、B子さんにがんが見つかり、その地の病院に入院した。私もまだ病み上がりで何かと家内の手がほしかったが、それどころでない。まあ、自分のことは何とかするからと、家内をB子さんの入院先へ赴かせた。ありがたくも手術は順調に済み、ほどなく退院して、職場へも復帰した。

それから十年、B子さんはずっと元気に働いてきたが、最近になって、今度は別の部位にがんが発見されたらしく、近々手術すると決まった。

その知らせを受けて、A子さんがまず実行したことは、姉・B子さんの身上お願いをするにあたり、もちろん自分でも何かの心定めをするだけでなく、当のB子さんにも、またB子さんの娘さんにも呼びかけ、その娘さんは、現在海外で働いている弟さんにも連絡して、身上祈念の連鎖は国境を越えた。

こうして一同の真心は、私どもの教会から大教会へ、大教会からおぢばへと、真実誠の祈念をもって供えられた。

◇

ところが、事はそれで終わらなかった。合図立て合いとも言うべきか、A子さんのもう一人の姉の娘・C子さんにも異変が起きていた。C子さんは三十代前半。結婚して親元から遠く離れた街に住み、三人の子を授かっているが、やはりがんの疑いがあり、この正月早々に手術と決まった。

A子さんは、自分にもがん体験があるゆえ他人事《ひとごと》でなかった。A子さんにも、ちょうどC子さんと同じ年配の娘さんが二人いる。その娘たちにも言い聞かせて、従姉妹《いとこ》のC子さんの身上祈念を呼びかけた。

さらに周囲に目を向ければ、はるか南の地に住む従兄弟《いとこ》の妻・D子さんもまた、がんの手術を受けて数年経《た》つものの、予後があまり芳しくないと聞いていた。

そこでA子さんは、そのD子さんの家族にも呼びかけて、まさに親戚縁者総ぐるみ、がん平癒《へいゆ》のお願いづとめとなったのである。

◇

私は考えた。この身上祈念の中心になってお世話取りしてきたA子さんは、なぜそれができたのか。それは彼女の生来の優しさや熱心な信仰に加えて、以前、A子さん自身もがんを患い、しかしその後、まったく再発の気配もなく今日までお連れ通りいただいているという、その感謝と報恩の念に支えられていたのだと。

最近、医学の啓蒙《けいもう》書ともいうべき本で、よく出合う言葉がある。
「医師や看護師など、医療に携わる人々は、まず自らが病んでみることが望ましい」
と。

いや、医療関係者だけでない。お道の熱心なおたすけ人にも、自分自身やその家族など、周囲に身上体験を持つ人が多い。

そう考えれば、私たちは、病気がたすかるというよりも、病気によってたすけられているとも言えるだろう。

高い所からのお説教もさることながら、おたすけには共感体験が大切だと、私は自分の結核やがん体験を顧みてそう思う。

もちろん身上だけではない。たとえば経済的な困窮をはじめ、さまざまな困り事、逆境や迷いなどすべて、おたすけ人として成人するうえに、親神様が期待しておられる表れであると受けとめたい。「親神様の、親心の表れとしてのふしい」を見せていただいているのだと。そう考えるとき、身上・事情は新たな意味合いを持ってくる。

◇

けれども私は、どんな困難があっても初志貫徹するような、そんな立派な人間ではない。すぐ挫《くじ》けるし、挫けたことさえ忘れてしまう。若いころは、そうした自分を叱《しか》り、よく自己嫌悪に陥ったものだが、それでは陽気になれない。

今は、転んだらまた立ち上がって歩き始めよう、何事も人のせいにすることなく、自分をも責めることなく、力まず、道は楽しんで歩もうと、そう思っている。

そして行く先々、空を仰ぎ、景色を愛《め》で、「親神様のつくり給《たも》うたこの世界は、なんと素晴らしいことだろう」と感嘆して、時が来たら「皆さん、ありがとうございました」と手を振ってと、そう願っている。

◇

さて、手術が終わって間もないC子さんから、次のようなうれしい手紙が届いた。

一月四日、検査の結果が出ました。切り取った部分の細胞は陰性でしたが、放っておくと、がんになったかも、とのこと。その前に見つかって、本当に良かったです。

手術の前はずっと心配で、押しつぶされそうでした。家族の話にも上の空だったり、怒ったり、不安で不安で誰にも言えなかったけれども。そんなとき、「私にはみんながいる。みんな心配してくれている」と思うと少しは気が楽になりました。私のために皆さんがこんなにも動いてくれて、本当に感謝の気持ちでいっぱいです。

皆さんの神様に祈ってくださる気持ちは、絶対に忘れてはならないと思いました。私の周りで同じようなことがあれば、私もその人のために何かしてあげたいと思います。きょうから新しい気持ちでがんばります。どうもありがとうございます。

C子より

一月七日

教会の皆様へ

仰げば尊し…

春三月、巣立ちの季節である。今は歌われていないようだが、この時季、あちこちの学校から『蛍《ほたる》の光』や『仰げば尊し』の歌が聞こえてくるような気がして、爺《じい》さんの胸もキュンとなるのである。

この春は、私の卒業式でもある。十年ひと昔というが、私にとっては、あっという間の十年であった。『みちのとも』の貴重な誌面をお借りしての連載、身に余る、もったいない場であった。まずそのことに、心より感謝申し上げます。

◇

以前にも書いたが、私は学業を終えてすぐ修養科の門をくぐったものの、教会へ戻ってからどうも体調が優れない。すぐ疲れるし、食欲もない。念のため大学病院で検診を受けたところ、「正真正銘の肺結核です」と宣告された。しかし「菌も出ていないし、肺に空洞もないから入院しなくてもいいが、週に二回病院へ来て、あとはできるだけ安静にしていなさい」と。

入院の必要はないと言われてホッとしたが、教会長である母に何と報告したらいいか。しかし母は、少しも驚かなかった。以前から母は私に忠告していた。「おまえ、変なところに神経質で、その性分を直さないと、お父さんの二の舞いになるよ」と。

私の父は、今日の数え方でいうなら三十二歳の若さで、四人の幼子を遺《のこ》して出直した。昭和二十年、日本敗戦の四カ月前、肺結核であった。

父の、小学校時代の通信簿が残っている。当時は「甲・乙・丙」と三段階の評価だったが、一年生から六年生まで、全学年、全学期、全教科、「オール甲」。つまり優等生中の優等生。何か学校行事があるときは、校旗を持って全校生徒一千名の先頭に立ったという。

母にしてみれば、わが子には、そんな几帳面《きちょうめん》な優等生よりも、少し抜けていてもいいから、おおらかな人間に育ってほしかったのだろう。「お父さんの二の舞いにならないように」というのが口癖だった。

◇

私が自宅療養を余儀なくされたそのころから、日本は激動の時代を迎えた。一九六〇年のいわゆる安保闘争が過ぎ、東京オリンピックから大阪万博へと、高度経済成長を目指して突っ走ることになるのだが、同時に公害問題をはじめ、さまざま深刻な社会現象が見えてきた。

そのころ私は、結核も癒《い》えて、教区青年会の委員長を拝命していたが、次いで青年会本部の委員に任命された。

当時の活動目標は「地域活動の充実強化」。呼びかけの言葉は、「若い力を結集し、広く世界に働きかけよう」。

そして青年会員を結ぶ絆《きずな》として月刊誌『大望』が創刊された。私は、その第四号だったと記憶するが、「祈りをもって行動しよう」という小文を書いた。

水俣《みなまた》病が大きな社会問題になりかけていた。公害問題にかぎらず、天理青年の地域活動も、理屈をこねて「祈り」を忘れるなら脱線しかねないという懸念があった。

私たち道を通る者の活動は、すべて親神様・教祖に向き合う祈念に貫かれたものでありたい、という思いが強くあった。

◇

さて、それからまた年月が過ぎ、豊かな黒髪のわが頭上も次第に砂漠化が進み、七十歳近くなったころから体調にも異変を来して急激に痩《や》せ始めた。疲労感も甚だしく、周囲から厳しく健康診断を促され、しぶしぶ「憩《いこい》の家」を訪れたところ、即刻入院となり、検査の日々が続いた。

結果は消化器系の臓器があちこちがんに侵され、手術、あるいは全摘をという箇所が幾つもあった。

私は、度胸のない人間である。いきなりそのような状況に投げ出されたら卒倒していたかもしれない。しかしそこには若いころの結核体験が生きていた。病気だらけの身に、ある種の覚悟ができていた。

加えてもう一つ、今になって顧みるとありがたいことがあった。がんの発見よりもずっと以前のこと、私が尊敬しているある教会長さんが、「君に頼みがある」と、詰所へ訪ねて来られた。

その教会長さん、天理看護学院が誕生して以来、そこの非常勤講師として『医の倫理』という講義を担当しておられたのだが、「自分はもう歳《とし》だから、君が代わってくれないか」と。私は驚き、まったく門外漢だからと辞退したが、それで引き下がるような先生ではなかった。「じゃ、頼むよ」と言い残して、さっさと帰ってしまわれた。

私は途方に暮れ、手探りの勉強を始めたが、おかげで自分ががんを宣告されて見えてきたものがある。

その一つ、「人生において、病気がもつ深い意味。そこにこもる親神様の親心」。

また一つ、「新しい医療の動向と、医師と患者の望ましい関係」。

病んでみて、あらためて生かされていることの深い意味を考えないわけにはいかなかった。これまで敬遠排除しがちだった身上・事情のふしの中には、掛け替えのない親心が秘められていることを思い知る。

顧みて、幼少時の虚弱体質、青年期の結核、老年になってのがん体験。そのほかさまざま、過去の体験が現在の自分を支えてくれているのだと気がつく。身上がたすかるというより、身上によってたすけていただくのである。事情についても同じこと。しかし人間、ともすればその途上で心を倒したり、道を踏み誤ったりすることもあろうから、一緒に歩く人がほしい。それがおたすけ人の仕事であると考える。たすけるのは、親神様・教祖がしてくださる。私は、そう考えている。

あとがき

『みちのとも』誌に連載を始めてから十年が過ぎました。それに先立ち、創刊間もなかった『すきっと』へのエッセーと通算して、ほぼ十二年。

過ぎてしまえば「あっ」という間の、緊張のなかにも楽しく得がたい日々でした。

十年ひと昔、拙い言葉でページを埋めてゆく未熟さを恥じますが、いささかなりとも足跡を省みる機会を与えていただき、厚く御礼を申し上げます。


この連載のねらいは、世上に見るさまざまなことから学ぶ、というものでした。

私は、昭和二十年八月、小学四年生で敗戦を迎えました。その四カ月ほど前、教会長である父が病気で亡くなり、母があとを継ぎました。幼いながら私には、後継者という責任感のようなものが心にあり、それが正直、重たくもありました。

「神様って、本当にあるのかなあ」。心の中は疑問だらけです。わけても戦後の教育は、親や先生の言うことにただ盲従するのではなく、まず自分の頭で考えなさいという風潮でした。けれども、神様ってあるのかなどと、そんな大問題、小学四年生の頭で、どう考えたらいいのか見当もつきません。

ところが、中学二年生のとき、一篇の詩に出合いました。どこか西洋の詩人です。「時は春、日は朝《あした》」で始まるこの詩は、豊かな自然の恵みを讃え、

……………

揚雲雀《あげひばり》なのりいで
蝸牛《かたつむり》枝に這《は》ひ
神、そらに知ろしめす
すべて世は事も無し

と結んでいました。中学生の私にも、この地上に生かされている素晴らしさ、ありがたさが、ひしひしと伝わってきたのでした。

そしてこのたび、本書の刊行にあたり、道友社編集部が提案してくださった書名が、

『なべて世は事もなし』。たぶん、この詩からの引用でしょう。筆者と編集者の思いが一致したことは、うれしいことでした。

「なべて世は事もなし」とは何ごとだ。世の中、事が次々と起きて、神も仏もあるものかと、悲憤慷慨《ひふんこうがい》する人もいるでしょう。けれども、だからこそ私たちは、刻々と変わりゆく世にありながら、常に変わることのない天の理に心を致して、陽気ぐらしの御教《みおし》えをさらに力強く辿《たど》り、広めてゆきたいものと念願しております。

拙い本ですが、手に取ってくださいます皆さまに厚く御礼を申し上げ、終わりの言葉といたします。ありがとうございました。

平成三十年一月

井筒　正孝

井筒正孝（いづつ・まさたか）

昭和10年（1935年）、青森県黒石市生まれ。33年、弘前大学教育学部卒業、修養科修了。翌34年、教会従事の傍ら、弘前学院中・高校非常勤講師を務める（社会科担当、６年間）。43年、天理教青年会本部委員（１期３年）。「若い力を結集し、広く世界に働きかけよう」の合言葉のもと社会との接点を模索する中に、天理教災害救援ひのきしん隊、ひのきしんスクールの創設に関わる。51年、天理教黒石分教会長（平成18年まで30年間）。同年、黒石市教育委員（３期12年）。61年、天理教集会員（５期15年）。平成16年（2004年）、天理教青森教区長（３期９年）。著書に『あすなろのうた』（道友社）がある。

なべて世《よ》は事《こと》もなし

立教181年（2018年）２月１日　初版第１刷発行

著　者　井筒正孝

発行所　天理教道友社

〒632-8686　奈良県天理市三島町１番地１

電話　0743（62）5388

振替　00900-7-10367

TENRIKYO DOYUSHA

印刷所　大日本印刷㈱

ISBN978-4-8073-0616-9

定価はカバーに表示